마녀의 영화 레시피

김미나
지음

마녀의 영화 레시피

—— 10대의 고민, 영화가 답하다 ——

특별한서재

차례

1장.

자신감이 필요할 때 이 영화를 봐

2장.

용기가 필요할 때 이 영화를 봐

작/가/의/말/

갈림길에 놓인 삶을 제대로 요리하기 위한
다정한 '영화 레시피'

이른바 젠지Gen Z 세대들을 가리켜 '디지털 신인류'라고 말한다. 스마트폰과 함께 자란 이 세대는 글자보다는 쇼트 폼Short Form, 브이로그Vlog 등의 영상이 더 친숙하다. 이 마이크로 트렌드 열풍은 사회문화 전반뿐 아니라 소비문화에까지 엄청난 영향을 미치고 있다. 그러나 아무리 새로운 것들이 무수히 나타나도 금방 쥐도 새도 모르게 사라진다. 유행이 총알 택시만큼 빠르게 바뀌고, 테크놀로지가 빛의 속도로 발전해도 모든 시대와 모든 세대를 걸쳐 절대로 변하지 않는 한 가지가 있으니, 그것은 우리 모두가 태어남과 동시에 '살아간다'는 것이다. 삶은 변하지 않는다. 살면서 '고민'과 '갈림길'의 순간에 부딪쳐 갈팡질팡하며 답을 찾아 헤매게 되는 건 엑스 세대든 젠지 세대든 똑같다.

나는 무언가 고민이 생겨 스트레스를 받을 때면 소파에 붙박이 쿠션처럼 처박혀 영화 서너 편을 논스톱으로 보곤 했다. 처음에는 '도피용'으로 '아무 생각 없이' 볼 수 있는 영화를 골랐다. 최소한 영화를 보는 동안만큼은 자꾸 꼬리에 꼬리를 무는 생각을 멈출 수 있었기 때문이었다. 그런데 이렇게 영화를 보다 보면 도저히 '재미'로만 볼 수 없는 영화를 만나게 될 때가 있었다. 소파에 늘어져 있던 몸을 일으켜 등을 꼿꼿하게 펴고 앉아 장면 하나하나에 잔뜩 집중하게 만드는 그런 영화. 그리고 다음 영화를 이어서 볼 생각도 못하게 만들 만큼 두고두고 곱씹게 만드는 몇몇 대사들. 그것은 단순히 영화가 '감동적'이었다거나 줄거리가 '흥미'로워서가 아니었다. 바로 그때 나의 머릿속을 점령하고 있던 고민의 캄캄한 핵심에 1만 볼트짜리 전구가 팟! 하고 켜진 것 같은 순간을 만났기 때문이었다.

이 책을 기획하고 나서 제일 먼저 했던 일이자 제일 어려웠던 일이 바로 영화를 추려 내는 거였다. 이제까지 봤던 그 셀 수도 없이 많은 영화 중, 좋은 영화가 너무 많아서 뭘 넣고 뭘 빼야 할지 난감하기 짝이 없었다. 그렇게 오랜 시간 공들여 고민해서 고르고 나서 그 영화들을 다시 찬찬히 봤다. 다시 봐도 좋았다. 처음 이 영화들을 보며 눈물 콧물 찍어 내던 기억들도 오롯이 떠올랐다.

하루하루가 재료가 되어 만들어지는 '삶'이라는 요리를 근사하게 만들어 내고 싶은 마음이야 누구나 같겠지만 그 레시피는 사람 각자마다 다르다. 정해진 레시피가 없다 보니 가다가 맛이 삼천포로 빠지는 순간도 있게 마련이다. 이럴 때 영화가 정답을 가르쳐 주지는 않는다. 삶의 모든 고민에는 '정답'이라는 것이 없다. 소금을 쳐야 하는지 설탕을 쳐야 하는지 갈림길에서 머뭇거리고 있을 때 영화가 화살표를 던져 주는 것도 아니다. 그것은 오로지 요리하는 당사자인 나의 몫이다. 그러나 최소한 복잡한 머릿속을 제대로 들여다볼 수 있도록, 그래서 다른 누구도 아닌 나를 위한 멋진 요리를 만들 결정을 내릴 수 있도록 나도 모르게 내 눈을 가리고 있던 안개를 흩어 줄 수는 있다. 이 영화들이 삶의 서로 다른 고민들에 사로잡혔던 내게 그랬던 것처럼 이 책을 읽는 독자들도 그런 소중한 깨달음의 순간을 만나게 되길 바란다.

2025년 3월

김미나

프/롤/로/그
/ / /

편의점에서 마녀를 만나다

"예쁜 것들은 다 못돼 처먹었어."

"아무렴, 못생긴 것들은 착하기라도 해야지."

준희는 입에서 마침표가 떨어지기도 전에 냉큼 말을 받아치고는 킥킥거리며 웃는 현서를 흘겨보았다. 아까 혼자 화장실에서 갔다가 나오면서 아무 생각 없이 문을 홱 열었다가 하필 그 앞을 지나가던 은빈이가 문짝에 정통으로 맞을 뻔한 것이다. 깜짝 놀라서 거듭 미안하다고 하는데도 은빈이는 동그란 눈을 세모로 치켜뜨고 기차 화통이라도 삶아 먹은 것 같은 목소리로 한참을 빽빽거렸다.

"야! 너나 나나 도긴개긴이거든?"

아까 화장실 앞에서 눈썹 머리에 힘껏 바늘을 세운 은빈의 얼굴이 떠오르자 얄미워서 견딜 수가 없었던 준희가 소리쳤다.

"얘가 뺨 맞고 와서는 어디서 화풀이야? 아까 은빈이 앞에서는 말 대꾸 한번 제대로 못 하더니, 내가 아주 만만하지?"

'현서는 이게 문제야. 나를 너무 잘 안단 말이지.' 준희는 대거리를 할 의욕을 잃고 책상 위에 펼쳐 놓은 수학문제집으로 시선을 돌렸다. 주관식 문제의 긴 풀이를 찬찬히 훑어 내려가며 집중을 해 보려고 했지만 숫자들은 개미떼처럼 흩어지기만 했다. 아침부터 엄마의 잔소리 폭격을 당하고, 밥도 다 먹기 전에 도망치듯 집을 나선 그 순간부터 오늘 일진은 이렇게 배배 꼬이도록 정해져 있던 거였다.

여름방학이 되자마자 엄마가 내민 빈틈없는 학원 순례 스케줄에도 준희는 항의 한 번 하지 않았다. 전교에서 늘 한 자릿수 등수를 유지하는 장한 딸내미인 언니와 술이 떡이 되어 현관 바닥에서 헤엄을 쳐도 등짝 한 번 맞지 않는 명문대 재학생 오빠 밑에서 준희의 유일한 생존전략은 무슨 말을 들어도 절대로 토를 달지 않는 것이다. 한번 잔소리를 시작하면 지하철 2호선처럼 정해진 코스를 한 바퀴 다 돌아야 끝이 나는 엄마 앞에서 준희는 언제나 고개를 푹 숙이고 있을 뿐이다. 그런데 중학생이 되고 나서는 언니와 오빠의 비아냥 멘트가 별책부록으로 붙어 왔다. 남의 집 막내들은 뭘 해도 귀여움덩어리라는데 준희의 언니와 오빠는 뭘 해도 그저 태클이다. 준희가 누구 앞에서건 '말대꾸'가 제대로 나오지 않는 건 그 때문인지도 모른다.

"쭌, 이따가 요 밑 상가에 떡볶이 먹으러 가자. 갑자기 매운 게 땡기네."

"어…… 미안, 오늘은 패스. 나 갈 데가 있어. 엄마 심부름 가야 돼."

준희는 여전히 수학문제집에서 눈을 떼지 않은 채 대답했다. 그러자 손거울을 들여다보고 있던 현서가 고개를 들어 준희를 쳐다보았다.

"어쭈, 요 다음에 바로 영어학원인데 엄마 심부름? 말이 되는 소리를 하세요."

현서가 샐쭉해진 표정으로 흘겨보았지만 준희는 심드렁하게 "진짜야……"라고 대답하고 만다. 팩 돌아앉은 현서가 신경이 쓰이지 않는 건 아니었지만 내일이라도 떡볶이를 먹으러 가자고 살살 달래면 "기집애……"라고 하며 못 이기는 척 따라나설 것이다. 엄마 심부름은 거짓말이지만 수학학원이 끝나자마자 갈 데가 있는 건 사실이

다. 마녀 언니를 만나러 가야 한다.

　지난주 목요일, 채점이 끝난 학원 시험지를 받아 든 준희는 심각한 고민에 빠졌다. 오늘 지구가 멸망하거나 서울 한복판에 고질라가 나타나 한바탕 불쇼라도 펼쳐 주지 않는다면 이대로 가출이라도 해야 할 판이었다. 한눈에도 동그라미보다 압도적으로 우세한 빨간색 빗금들은 마치 생살에 그어지기라도 한 것처럼 핏물이 배어 나올 것만 같았다.

　'어우 젠장, 왜 이렇게 많이 틀렸지…… 이럴 때는 현서를 붙들고 입에서 불이 나는 떡볶이를 먹으며 눈물 콧물이라도 한 바가지 흘려 줘야 하는 건데 왜 하필 현서는 개도 안 걸린다는 여름감기로 학원에 결석을 했어.'

　온갖 잡생각들이 칙칙폭폭 쉬지도 않고 이어지는데 벌써 영어학원 앞이었다. 준희는 걸음을 멈추지 않고 그대로 학원 앞을 지나쳤다. 다음 골목, 그리고 또 다음 골목. 다 귀찮다고 생각하고 있을 무렵, 왕복 팔차선의 대로변이 나오기 직전에 왼쪽으로 방향을 틀었다. 그리고 다시 오른쪽 골목. 한참을 걷다 보니 목이 말랐다. 주위를 두리번거려 보니 한 번도 와 보지 않은 낯선 동네임을 깨달았다. 그리고 오십 미터쯤 앞에 있는 편의점 하나가 눈에 들어왔다. 준희는 며칠 전 받은 용돈이 아직 지갑에 남아 있는 걸 기억해 내며 편의점 안으로 들어섰다.

"딸랑."

유리문을 열자마자 시원한 실내 공기가 발갛게 달아오른 뺨과 땀에 젖은 머리카락 사이를 훑고 지나갔다. 편의점은 무섭게 조용했다. 음료수들이 진열되어 있는 냉장고 앞으로 걸어가는데 발자국 소리가 자박자박 울려 퍼졌다. 문을 열고 생수 한 병을 꺼내 드는 동안 준희는 냉장고 안으로 머리통을 들이밀고 싶은 마음을 애써 눌러 참았다.

'이 머릿속의 열기를 조금이라도 식힐 수만 있다면.'

계산대 앞에서 지갑을 열고 오천 원짜리 한 장을 꺼내어 내밀며 준희는 고개를 들었다. 돈을 받아 쥐는 계산대 저편의 손 때문이었다. 다섯 손가락에 빼곡하게 끼워진 은반지들과 그 끝에 발린 새까만 매니큐어. 준희의 시야 속으로 유난히 하얗고 턱이 뾰족한 마른 얼굴이 들어왔다.

'헉, 마녀다.'

첫인상이 딱 그랬다. 새까만 손톱과 판다처럼 눈 가장자리 전체를 메운 검정 아이라인이 없었다면 순간적으로 남자라고 생각할 뻔했다. 두피가 들여다보일 정도로 바짝 깎은 머리 때문이었다. 손가락들뿐만 아니라 양쪽 귓불에도 은빛 귀걸이들이 주렁주렁, 거기다 화룡점정으로 코끝에 걸쳐진 안경 오른쪽 아래에는 파리똥만하게 반짝거리는 코걸이까지. 준희는 압도당했다.

"뭘 그렇게 쳐다봐? 할 말 있어?"

"네? 아…… 네?"

갑자기 훅 치고 들어오는 질문에 당황한 준희를 보며 잔돈을 세던 '마녀 언니'가 쿡쿡하고 웃었다.

"저쪽에 앉아서 땀 좀 식히고 가라. 얼굴 보니까 이대로 나가면 쓰러지겠다. 이건 내가 뚜껑만 따 놓고 아직 입 안 댄 건데 갖고 가서 마셔."

'마녀 언니'가 생수와 함께 송골송골 물방울이 맺힌 차가운 스포츠 음료를 내밀었다.

"아, 괜찮은데……. 그럼…… 감사합니다."

준희는 음료수와 생수를 손에 들고 쭈뼛거리는 걸음으로 편의점 창가에 가서 앉았다. 창밖으로 보이는 골목 건너편에는 고만고만한 높이의 빌라들과 여기저기 학원 간판들을 단 낮은 빌딩들이 뒤섞여서 있다. 낯설도록 고요한 한낮의 여름이 짧고 깊은 그림자를 드리우며 지나가고 있었다.

생수 뚜껑을 따서 단숨에 반 이상을 꿀꺽꿀꺽하고 마시고 난 뒤 병에서 입을 떼는데 핑- 현기증이 났다. 이번에는 '마녀 언니'가 준 스포츠 음료의 뚜껑을 열고 벌컥 한 모금을 들이켰다. 짭짤한 뒷맛이 입안에 남은 물비린내를 씻어 주었다.

"이 근처에 사는 거 같진 않고…… 여기 학원 다니니?"

멍하니 창밖을 내다보고 있던 준희가 깜짝 놀라 고개를 돌리자 어느새 가까이 온 '마녀 언니'가 핸드폰을 손에 든 채 자신을 물끄러미 내려다보고 있었다.

"아, 네…… . 저 위쪽에…… ."

"땡땡이쳤구나. 이런 시간에 혼자."

준희는 뭐라고 대답을 해야 할지 몰라 그냥 입을 다물고 말았다. 거짓말로 둘러대자니 귀찮고 사실대로 말하자니 그것 역시 귀찮았다.

"나 여기 좀 앉아도 되지? 저기 혼자 앉아 있으려니까 졸려서."

준희가 뭐라고 대답도 하기 전에 이미 옆 의자에 털썩 엉덩이를 내려놓은 그녀는 핸드폰에 집중하기 시작했다. 옆에서 슬쩍슬쩍 훔쳐보니 군인 스타일의 머리와 빈틈없는 액세서리들에 정신이 팔려서 미처 몰랐는데 눈이며 코며 입매가 꽤 오목조목 귀엽게 생겼다.

"그만 좀 봐라, 좀."

갑자기 그녀가 고개를 치켜들더니 준희의 시선을 똑바로 맞받아쳤다. 시원한 에어컨 바람에 차가워졌던 준희의 두 볼이 순식간에 다시 벌게졌다.

"앗, 죄송합니다."

"중학생?"

"네. 3학년이요."

"나는 대학생이야. 좀 많이 늙은 대학생."

"아…… 그러시구나. 자꾸 쳐다봐서 죄송해요. 스타일이 특이하셔서……."

"괜찮아. 죄송해요는 한 번이면 됐고."

군더더기라곤 없는 말투였다. 준희는 그녀의 말을 더 늘려 보고 싶어졌다.

"근데 아까부터 뭘 그렇게 열심히 보세요?"

"영화."

그녀는 핸드폰을 뒤집어 화면을 보여 주었다. 영화 포스터들이 줄을 지어 떠 있었다.

"아, 영화 좋아하시는구나. 손님 없을 때 시간 죽이기 딱이죠?"

"시간 죽이려고 보는 거 아냐. 그런 건 시간을 아무렇게나 죽여도 될 만큼 남아도는 사람들이나 하는 거지."

"엥? 그럼요?"

"난 책을 읽는 것처럼 영화를 봐. 마음에 드는 책을 신중하게 골라서 한 장씩 천천히 읽는 것처럼 말이야."

그동안 준희에게 영화는 학교에서 하는 단체 관람 정도가 전부였다. 주위에서 영화를 보라고 추천해 주는 사람도 없거니와 행여 TV에서 하는 영화라도 보고 있으면 쓸데없는 데 시간 낭비한다고 잔소리를 벌기 십상이었다.

"그래, 나도 알아. 어른들은 애들더러 책을 읽으라고 잔소리는 하지만 좋은 영화를 권하지는 않지. 영화와 책이 다르지 않은데 말이야. 전혀 다른 삶을 간접적으로 체험해 볼 수 있고, 오래 간직할 만한 깨달음을 얻을 수도 있고, 세상을 보는 눈이 달라질 수도 있는데 말이지."

　마녀 언니가 준희를 빤히 쳐다보며 말했다. 새까만 물감에 푹 적신 붓으로 툭, 툭, 찍어 놓은 것 같은 두 눈동자에서는 아무런 표정도 읽히지가 않았다. 진짜로 딱 마녀의 그것 같다. 얼마 전, 현서와 함께 엄마 몰래 좀비 영화를 보러 갔다가 주머니에 넣어 놓은 영화표를 깜빡하는 바람에 엄마에게 들켜서 호되게 야단을 맞았던 기억이 떠올랐다. 그나마 엄마가 허락하는 유일한 영화 감상은 영어로 된 영화나 애니메이션을 자막 없이 보는 것뿐이다.

　"전 생각나는 영화가 거의 없어요. 고등학생인 언니가 그러던데요. 영화가 꿈과 상상력을 키워 주고 어쩌고 이런 거 다 헛소리니까 그럴 시간에 영어 단어나 바짝 외우라고요. 한 자릿수의 성적이야말로 나중에 진짜로 꿈과 상상력을 키워 주는 거래요."

　"푸하하하하!"

　그녀가 웃음을 터트리자 백지 같은 무표정에 급격한 균열이 번졌다. 눈꼬리와 콧잔등에 잔뜩 주름이 잡히며 커튼이 걷히듯 하얗고 고른 이가 어금니까지 한 번에 드러났다.

"너 이름이 뭐니?"

"박준희요. 근데 다들 그냥 '쭌'이라고 불러요."

"오~ 대박! 내 이름은 이준인데. 한 자릿수 인생과는 거리가 오만 광년 멀지만 꿈과 상상력을 실현시키기 위해 영화를 공부하고 있지. 만나서 반갑다, 쭌!"

그게 벌써 나흘 전 일이다. 학원 수업을 빼먹은 건 그때가 처음이었는데 웬걸 엄마에게 들키지 않고 무사히 지나갔다. 학생 수가 워낙 많은 수업인데다 학부모들에게 일일이 보고를 해서 골치 아픈 애들 뒤치다꺼리를 하고 싶지 않은 선생님의 게으름이 맞아떨어져 준 덕분이었다. 이틀만 있으면 영어 수업이 없는 날이지만 기다리자니 좀이 쑤셨다.

준희는 수업이 끝나자마자 얼른 가방을 챙겨 들고 앞에 앉은 현서의 등을 탁 쳤다.

"나 간다! 내일 봐! 내일 내가 떡볶이 쏠게!"

돌아보는 현서를 향해 잽싸게 손을 흔들고는 냅다 계단을 향해 뛰었다. 편의점의 위치는 이미 기억을 몇 번이나 더듬어 지도 어플로 확인해 두었다. 골목 두 개를 지나서 오른쪽으로 돌고 다시 왼쪽으로 돈 다음 다시 오른쪽……. 저기서 또 오른쪽으로 돌면 마녀 언니가 있는 편의점이다. 준희는 지난번과 똑같이 양쪽 귀 옆으로 땀을 줄줄 흘리며 발갛게 잘 익은 얼굴로 유리문을 밀고 들어섰다. 8월의 뙤약볕 밑에서 내처 뛰어온 탓이다.

"딸랑."

차가운 에어컨 바람이 훅하고 몰려들었다. 그리고 이번에는 착 가라앉은 정적 대신 밤하늘처럼 검은 눈동자를 한 마녀 언니가 함박웃음으로 준희를 맞아 주었다.

"헤이, 쭌!"

1장

자신감이 필요할 때
이 영화를 봐

진짜 주인공은 '노답 쭈구리'

● <알라딘>, <아이 필 프리티> ●

"근데 너, 코가 참 예쁘게 생겼다."

손님이라고는 준희 하나뿐인 조용한 편의점 창가에 나란히 앉아 뇌 속까지 달달해질 것 같은 커피를 말없이 쪽쪽거리며 마시던 마녀 언니가 문득 준희를 쳐다보며 말했다.

"네? 아…… 진짜요? 그런 말 처음 들어 봐요. 감사합니다."

생각해 보니 진짜로 열여섯 살 인생 중 어디가 예쁘다는 소리를 들어 본 적이 없다. 대신 어디가 안 예쁜지는 잘 알고 있다. 엄마가, 언니가, 오빠가, 현서가, 은빈이네 패거리가 까먹고 살지 않게 늘 친절하게 콕 집어서 알려 주기 때문이다.

"제가 주로 듣는 소리는 이런 거거든요. 넌 나중에 무조건 돈 많이 벌어야겠다. 수리할 데가 한두 군데가 아니다. 눈 좀 어떻게 해 봐라. 무턱 때문에 넌 프로필이 꽝이니까 셀카는 무조건 정면샷이다. 얼굴이 안 되면 살을 빼라. 못생긴 게 착하지도 않으면 대역죄다……."

"그런 소리를 듣고 가만히 있어? 입은 뒀다 뭐 해?"

마녀 언니가 킥킥거리며 말했다.

"그러게요. 제 입은 먹는 데만 쓰라고 달린 건가 봐요. 누가 뭐라고 하면 대답을 잘 못해요. 저랑 제일 친한 친구 중에 현서라고 있는데요, 저랑 비슷하거든요. 성적도 외모도 몸매도 그냥 그래요. 근데 걘 신기한 게 일등만 하는 경희 앞에서든, 옆 동네 남학교까지 예쁘다고 소문난 은빈이네 패거리 앞에서든 도무지 기가 죽지를 않아요. 누가 대놓고 비꼬는 소리 한마디 하면 당장 콧잔등이라도 후려칠 것처럼 열 마디로 받아치니 안 건드리는 게 낫죠."

가만히 듣고 있던 마녀 언니가 '오~' 하며 눈을 동그랗게 떴다.

"얘기만 들어도 마음에 쏙 드는데."

"근데 전 왜 이럴까요? 집에서도 학교에서도 다들 저한테 뭐라고 하는 사람 천지니 말이에요. 전 그냥 입 닥치고 듣기만 해요. 한 귀로 듣고 한 귀로 흘리는 것도 아니에요. 나도 한판 해 주고 싶은 말이 머릿속에서 작은 샘처럼 퐁퐁 솟기는 하는데 목구멍에서 딱 막혀 가지고 나오지를 않아요. 현서는 저보고 '노답'이래요. 왜 그렇게 맨날 찌그러져 있냐고요. 어른들 앞에서만 그러면 예의 핑계라도 대죠. 애들이라도 저보다 조금만 더 잘난 것 같으면 바로 고개가 가을 들판의 벼 이삭처럼 밑으로 푹 꺾여요. 저도 제가 이런 못난이 쭈구리인 게 정말 싫어요. 그렇지만 자신감을 가질래도 뭐가 진짜로 자신이 있는 게 있어야 말이죠. 안 그래요?"

"응, 안 그래. 그렇게 숨도 안 쉬고 말하면서 뭘 자꾸 못한대?"

마녀 언니가 흥 하고 코웃음을 치면서 대답했다.

"어떤 유명한 사람이 그랬어. 가진 게 하나도 없으면 전부 다 가진 것처럼 행동해야 하는 거라고 말이야."

"네?"

"영화 〈알라딘〉에 나오는 알라딘 님이 하신 말씀이야."

"아! 알라딘! 「마법의 램프」 이야기에 나오는 그 알라딘요? 에이, 그렇지만 알라딘한테는 소원을 들어주는 램프의 요정 지니도 있고 자스민 공주도 있잖아요. 그러면 무서울 게 뭐가 있겠어요? 다 가진 척하는 게 아니라 다 가진 거잖아요, 뭘."

"어라? 이 말은 지니와 만나기 전에, 그리고 자스민 공주와 친해지기 전에 한 말이었다고! 그때에도 알라딘은 알라딘이었어. 천애고아에 돈 한 푼 없는 가난뱅이 말이야. 그런데 과연 알라딘이 그런 자기 자신을 너처럼 '노답 쭈구리'라고 생각했을까?"

알라딘

(Aladdin, 2019)

감독: 가이 리치 | **상영 시간:** 128분
출연 배우: 메나 마수드(알라딘), 윌 스미스(지니), 나오미 스콧(자스민)
줄거리 요약: 사막 한가운데 있는 신비의 나라 아그라바 왕국. 원숭이 아부와 함께 시장 바닥에서 좀도둑으로 살아가던 알라딘은 어느 날 궁궐을 탈출해서 놀러 나온 술탄의 딸 자스민 공주를 우연히 만나게 된다. 그녀를 찾아 왕궁에 들어간 알라딘은 사악한 마법사이자 왕국의 대신인 자파의 눈에 띈다. 술탄의 자리를 노리는 그는 알라딘에게 깊은 동굴 속에서 마법의 램프를 가져다줄 것을 요구한다. 알라딘은 실수로 무너진 동굴에 갇히지만 램프의 요정 지니와 하늘을 나는 양탄자의 도움으로 무사히 빠져나온다. 그렇게 지니의 주인이 된 알라딘은 왕자로 변신해 아그라바로 돌아오는데……

아이 필 프리티

(I Feel Pretty, 2018)

감독: 에비 콘, 마크 실버스테인   **상영 시간:** 110분
출연 배우: 에이미 슈머(르네 베넷), 미셸 윌리엄스
(에이버리 클레어)
줄거리 요약: 패션 센스 백 점, 성격 백 점이지만
통통한 몸매가 늘 불만인 르네. 예뻐지는 것이 소
원이라 오늘도 헬스장에서 미친 듯이 자전거 페달
을 밟아 본다. 그러다 실수로 바닥에 떨어져 머리
를 부딪히는 사고를 당하고 마는데. 다시 일어난
그녀는 뭔가 달라진 것을 느낀다. 거울 속에 비친
자신이 놀랍게 예뻐진 것이다. 간절히 바라던 소
원을 이룬 르네는 세상을 다 가진 듯 행복해하는
데……

너도 알다시피 〈알라딘〉의 알라딘은 천애고아에 시장에서 좀도둑질을 하고, 집도 없어서 건물 꼭대기에서 대충 천으로 하늘만 가린 채 살고 있지. 자신도 먹을 게 없으면서 손에 쥔 음식을 거리에서 만난 아이에게 나누어 주고, 곤경에 처한 사람을 보고는 그냥 지나치지 못하는 착한 성품을 지녔어. 그렇지만 자신을 향한 세상의 시선을 잘 알고 있어. '하찮은 놈'이라거나 '밑바닥 쓰레기', '날건달'이라고 손가락질을 받는다는 걸 말이야. 사람들은 눈에 보이는 것이 전부라고 생각하니까. 아무리 씩씩하고 밝은 알라딘이라도 사람 마음이 철판을 두른 것도 아니고 당연히 상처를 받아. 그렇지만 먹고 살기 위해서는 어쩔 수 없다고 생각하며 그것 때문에 주눅이 들거나 자신의 처지를 비관하지는 않아. 자신감 하나는 정말 끝내주지 않니?

　그러던 어느 날, 거리에서 우연히 만난 자스민 공주에게 팔찌를 돌려주기 위해 몰래 왕궁으로 들어간 알라딘은 감히 공주를 똑바로 쳐다보며 이런 말을 해.

　　"가진 게 하나도 없으면 전부 다 가진 것처럼 행동해야 하는 거예요."

　〈아이 필 프리티〉의 르네는 알라딘과는 정반대야. 영화 속 첫 등

장부터 정말 안쓰럽기 짝이 없지. 날씬한 여자들이 바글바글한 헬스장에서 자기 신발 사이즈를 말할 때조차 기어들어 가는 목소리로 웅얼거려. 자신감이 제로거든. 르네의 최고 불만은 뚱뚱하고 예쁘지 않은 외모야. 거울만 보면 자신이 너무 한심해 보여서 우울해지고 화만나. 내 눈에도 내가 예쁘지 않은데 세상 사람들 눈에야 말해 뭐 하겠나 생각하는 거지. 르네는 어딜 가나 사람들의 시선이 신경 쓰여. 세상은 짜증 나도록 마르고 예쁜 여자들로 가득 차 있거든. 그런 여자들과 비교당하며 뚱뚱한 자신이 차별을 받는다고 느끼는 거야. 사실 그런 자신을 제일 무시하는 건 바로 자기면서 말이야. 우연히 알게 된 어느 미모의 여자에게 르네는 푸념 섞인 어조로 이렇게 말해.

"어떤 기분일지 정말 궁금해요. 누가 봐도 예쁜 기분. 온 세상이 나에게 마음을 여는 기분. 당신처럼 생겨야만 아는 거잖아요. 나 같은 사람은 마스카라며 뭐며 해도 생기지 않을 일이니까. 기적을 바랄 뿐이죠."

그렇다면 자신감 충만한 알라딘은 르네와 같은 찌질한 속마음이 없을까? 혹시 '진흙 속에 숨은 보석'이 운명인 주인공이니까 그럴 리 없다고 생각한다면, 그건 천만의 말씀. 알라딘은 말 그대로 다 가진 것'처럼' 행동하는 것뿐이야. 혼자 있을 때의 알라딘은 왜 세상은 자신 안에 있는 가련한 소년의 모습을 봐 주지 않는 거냐고 한탄을 해.

램프의 요정 지니를 만나서 화려한 비단옷에 수백 명의 시종을 거느리고 황금을 마음껏 뿌리는 알리 왕자로 변신을 하고 나서도 알라딘은 그 안의 '가련하고 찌질한 좀도둑 소년'을 벗어나지 못하지. 그래서 파티에서 다시 만난 자스민 공주에게 말 한 번 제대로 걸지 못하고 망설여. 그런 알라딘을 보고 지니가 이런 말을 해.

"난 너의 겉모습만 바꿔 주었지 네 내면까지 바꾸지는 않았어. 네 가치를 믿어."

마법의 힘으로 겉모습은 왕자처럼 바뀌었지만 마법이 마음까지 '왕자의 것'으로 바꾸지는 못하거든. 알라딘은 '알라딘'이라는 거지. 공주에게 당당하게 다가갈 자신감은 알라딘에게 달렸다는 뜻이야.

예뻐지는 게 유일한 소원이었던 〈아이 필 프리티〉의 르네는 헬스장에서 사고를 당한 뒤 거울 속에 비친 자신을 보고 마법이 이루어졌다고 생각해. 자신이 절세미인으로 변신을 했지 뭐야. 그런데 문제는 그 마법이 오직 르네의 눈에만 보인다는 거지. 실은 변한 게 하나도 없었어. 아, 아주 크게 변한 게 하나 있긴 해. 자신을 절세미인이라고 믿는 르네가 절세미인에게 딱 어울리는 엄청난 자신감을 장착하게 됐다는 거. 그래서 어디서나 사람들의 친절과 상냥한 미소와 관심을 받는 것이 당연하다는 듯 행동하기 시작해. 심지어 비키니 콘테스트에도 나갔다니까. 그런데 놀라운 건 진짜 마법이 일어나 버린 거야. 이건 램프의 요정 지니도 할 수 없는 마법이야. 퉁퉁한 배를 내놓고 우람한 팔을 흔들며 무대 위에 오른 르네가 사람들의 마음을 휘어잡기 시작한 거지. 처음에는 그녀의 근거 없는 자신감에 당황하고 어이없어 하던 사람들도 스스로 아름답다고 믿는 그녀의 당당한 태도와 통통 튀는 유머 감각에 환호를 하고 기립 박수를 보내는 거야. 우승은 하지 못했지만 르네는 아무렇지도 않았어.

"내 미모는 내가 알아요. 취객들한테 확인받을 필요는 없어요."

겉은 왕자인데 속은 찌질한 좀도둑이었던 알라딘과는 정반대로 르네는 겉은 못난이 르네 그대로였지만 속은 완전히 다른 사람이 된 거지. 어쩌다 르네와 데이트를 하게 된 에단은 그런 그녀에게 "당신은 정말 놀랍고 완벽한 사람"이라고 말해.

"자신에 대한 확신이 없는 사람이 많아요. 자신의 부정적인 면에 너무 집착해서 자신의 근사한 점들을 놓쳐 버리거든요. 당신은 자신을 잘 알고 세상의 시선은 신경 쓰지 않아요."

알고 보면 슈퍼 찌질이 알라딘은 왕자로 변신한 겉모습에 집착을 하기 시작해. 자신에 대한 확신이라고는 눈곱만큼도 없기 때문이야. 그래서 공주가 자신을 좋아하게 된 것도 자기가 왕자이기 때문이라고 생각해. 공주가 진짜 자신의 모습을 알게 될까 봐 두려워 끝까지 거짓말을 하려 하는 알라딘에게 실망한 지니는 결국 충고를 하지.

> "거짓으로 얻는 게 많아질수록 네가 진짜로 가진 것은 적어지는 거야. 너의 가치를 믿어 봐."

이후 악당 자파가 마법 램프를 빼앗은 뒤 '알리 왕자'를 한 방에 알라딘으로 돌려놓을 수 있었던 이유도 알리 왕자는 진짜 알라딘이 아니기 때문이었어. 진짜 내 것은 잃어버릴 수가 없거든. 이 점은 〈아이 필 프리티〉의 르네도 마찬가지야. 사실 르네가 자신감을 갖게 된 건 자신이 '아름답다'고 믿기 때문이었어. 그래서 르네 또한 '아름다움'을 잃고 나자 다시 옛날의 그 자신감 제로 르네로 돌아왔어. 그때까지도 진짜로 자신이 가진 게 뭔지 제대로 보지 못하고 있었던 거지. 돈이나 사회적 지위, 명예, 육체의 아름다움은 지금 당장 내가 가졌어도 언제든지 사라질 수 있는 것들이야. 그렇지만 용기나 지혜, 책임감처럼 돈으로 살 수 없는 내면의 가치는 절대 사라지지 않아. 내가 가진 진짜 중요하고 아름다운 것들이지.

"어린 소녀일 땐 세상 누구보다 자신감이 넘치죠. 배가 나오든 춤을 추든 놀든 엉덩이가 팬티를 먹든. 그런데 어느 순간부터 자신을 의심하게 돼요. 누군가 중요한 것들을 규정해 주고 그 울타리 안에서 자라죠. 그리고 수도 없이 자신을 의심하다가 결국은 그 모든 자신감을 잃어버려요. 가지고 있던 자존감과 자신에 대한 믿음까지 전부 다요. 그런 순간들을 허락하지 않았다면? 우리가 그것보다 강했다면 어땠을까요? 우리가 소녀 시절의 자신감을 잃지 않았다면 어땠을까요? 누군가 우리가 부족하다면서 마르거나 예쁘지 않다고 했을 때 우리가 현명하게 난 그 모든 것보다 나은 사람이라고 말할 수 있다면요? 왜냐하면 나란 사람은 바로 '나'니까요. 이게 나예요. 난 '나'인 게 자랑스러워요."

"쭌, 너보고 '노답 쭈구리'라고 놀리는 애들이 가진 건 뭘까? 예쁘장한 얼굴? 큰 키와 날씬한 몸매? 돈 많은 엄마 아빠? 똑똑한 머리? 가만 보니 죄다 스스로 노력해서 얻는 게 아니라 그냥 어쩌다 보니 갖고 태어나는 것들이네, 그렇지? 그러면 이런 것들을 못 가지면 가진 게 없는 거야? 누가 네게 시비를 걸거나 무시를 하면 너 자신을 의심하지 말고 상대방을 의심해. '쟨 뭘 믿고 저러지?' 하고 말이야. 르네가 영화 속에서 했던 말처럼 당당하게 대꾸해 주는 거야. 너희들을 다 합친 것보다 내가 더 나은 사람이라고 말이야. 넌 지금 있는 그대로도 참 괜찮은 아이야. 네 인생의 멋진 주인공이잖아. 그러니 '난 별 볼 일 없어요, 난 못난이예요.' 이런 말은 하지도 마. 이래 봬도 내가 사람 보는 눈은 꽤 쓸 만하다고 자부하거든."

꽃은 꽃이라서 예쁜 거지

● <위대한 쇼맨>, <원더> ●

"야, 쭌, 넌 중학생이 입술에 뭘 그렇게 죽어라고 발라대? 학교에 화장하고 다녀도 돼? 아님 방학이라서 괜찮은 거야?"

오렌지 주스를 내밀며 마녀 언니가 말했다. 오렌지색 틴트를 입술에 톡톡 두드리다 말고 준희는 언니를 향해 눈을 치켜떴다.

"어우, 이 무슨 할머니 같은 멘트람~ 요즘 틴트 정도는 화장 축에도 못 껴요~ 언니처럼 원래 예쁜 사람들은 막 다녀도 되지만 전 이거라도 좀 발라 줘야 사람 얼굴 같아 보인단 말이에요."

준희는 조막만 한 손거울에 제 얼굴을 요리조리 돌려 가며 비춰 보았다. 아무리 너그럽게 봐 주려고 해도 '예쁜' 것과는 거리가 멀었다. 아빠의 선명한 쌍꺼풀은 오빠가 채 갔고 엄마의 둥글고 도도록한 이마는 언니가 독점했다. 그 대신 아빠의 두툼한 입술과 엄마의 무턱이 쌍으로 준희의 얼굴에 남았다. 이 정도면 DNA의 저주라 할 만하지 않은가 혼자 생각하던 준희였다.

"그런 거 안 발라도 네 나이에는 다 예뻐."

"어우, 진짜 옛날 사람같이 왜 그래요. 언니! 그 다 예쁘다 소리가 얼마나 웃긴지 알아요? 우리 반에 은빈이라고 소문난 얼굴천재가 하나 있거든요. 얼굴은 천산데 성격은 진짜 못됐어요. 근데 짜증 나는 게 사람들이 걔가 하는 말을 더 잘 들어주고 더 잘 믿어 준다는 거죠. 은빈이가 앞에서 얌전을 떨면 선생님들이 "어유, 은빈이 착하네" 이러세요. 그래서 애들이 그래요. 예쁜 게 착한 거라고. 그리고 저희 반에 기주라고 여드름투성이에 눈도 단춧구멍만 한데 성격도 왕 소심해서 애들이 맨날 놀려 먹는 애가 있거든요? 하루는 기주가 쉬는 시간에 음료수를 마시면서 걸어가다가 하필 은빈이가 뻗은 발에 걸려서 넘어진 거예요. 은빈이 가방 위에 음료수가 쏟아졌는데, 어우, 다들 기주만 욕하고 난리도 아니었어요. 아무도 걔 편을 들어 주진 않아요. 어차피 맨날 당하는 애고 한심하기도 하고 귀찮기도 하고. 전 걔에 비하면 그나마 낫긴 하죠."

준희의 얘기를 듣던 마녀 언니가 눈을 동그랗게 떴다.

"너희들한테는 외모가 계급이니?"

"현실이 그렇잖아요. 어른들은 '얼굴보다 마음씨가 예뻐야 한다', '머리가 똑똑한 게 최고다' 말은 그렇게 하지만 톡 까놓고 말해서 처음 보는 사람의 마음씨나 뇌 용량을 어떻게 꿰뚫어 봐요? 눈에 가장 먼저 보이는 건 얼굴이잖아요. 예쁜 애들은 조금만 열심히 하는 척해도 눈에 확 띄어서 예쁨을 받고 못생긴 애들은 조금만 열심히 하면 아등바등 발악한다는 소리나 듣죠. 어딜 가나 대접받는 건 예쁜 애들이에요."

저 혼자 울컥해서 목소리가 한 톤 높아진 준희를 마녀 언니는 말 없이 바라보고만 있었다. 창문으로 쏟아져 들어오는 8월 한낮의 햇살에 언니의 오른쪽 콧볼의 피어싱이 마치 햇빛 한 점을 박아 넣은 것처럼 반짝 빛이 났다. 준희가 말을 마치자마자 그녀는 안경을 벗어서 테이블 위에 내려놓더니 준희의 얼굴을 똑바로 쳐다보며 말했다.

"내가 예쁘다고?"

하얗고 깨끗한 피부에 동그란 눈, 보기 좋은 코와 귀여운 입매. 과하게 굵은 까만 아이라인과 붉은 입술색 때문에 백설공주보다는 마녀 쪽으로 살짝 기울긴 하지만 예쁜 얼굴이다. 그때 마녀 언니가 고개를 왼쪽으로 살짝 틀더니 준희의 코앞으로 얼굴을 바싹 들이밀었다.

"여기를 잘 봐 봐."

마녀 언니가 집게손가락 끝으로 피어싱부터 시작해서 턱까지 약 40도 각도로 사선을 그어 죽 내려갔다. 언니의 손가락 끝을 가만히 따라가던 준희는 순간 흡- 숨을 멈췄다. 얇은 피부 화장 밑으로 옅은 팥죽색을 띤 가느다란 흉터가 길게 나 있었다. 어째서 저게 지금까지 한 번도 눈에 띄지 않았을까.

"어…… 이건……."

"보이지? 그래도 지금은 엄청 많이 나아진 거야. 중3 때였으니까 오래되기도 했고 나도 많이 익숙해졌지. 그렇지만 처음 이것 때문에 병원 신세를 한 달이나 졌을 때는 딱 죽고 싶었어."

"사……사고가 났었어요?"

준희가 머뭇머뭇 물었다.

"사고 아닌 사고였지."

한 손으로 안경을 집어 들고 대충 얼굴에 걸치며 마녀 언니가 싱긋 웃었다.

"그때 우리 반에도 왕따가 하나 있었거든. 어느 날 속이 꼬이는 일이 있었는데 애들이 걔를 못살게 구는 소리가 유난히 거슬리는 거야. 성질대로 한 소리 했지. 그렇다고 평소에 내가 걔 편을 들어 주거나 정의감이 넘치는 성격도 아니었는데 그날따라 말이 그렇게 나갔어. 그렇게 시비가 나한테 옮아 붙었는데 내 뒤에 있던 애가 날 앞으로 확 민 거야. 중심을 잃고 고꾸라지지 않으려고 책상을 붙잡았는데 와장창 같이 넘어갔지. 그런데 하필 그 책상 주인이 커터 칼로 참고서를 소분하다가 그대로 필통에 비스듬하게 세워 뒀던 거고, 그게 내 얼굴을 찍- 그은 거야. 그 필통 주인이 누구였게? 큭큭큭, 바로 그 왕따였어. 나중에 그걸 알고 얼마나 어이가 없던지."

준희는 입을 벌린 채 명한 표정으로 마녀 언니의 이야기를 듣고 있었다. 그리고 보니 평소 가만히 있을 때는 눈에 띄지 않던 그 흉터가 말을 하거나 웃으면서 얼굴에 표정이 생길 때, 길고 얇은 주름처럼 모습을 드러냈다.

"아…… 되게 아팠겠다."

준희는 달리 할 말을 찾지 못했다.

"한 달 동안 말도 하지 못했어. 의사 선생님이 상처가 아물 때까지 얼굴 근육을 움직이면 안 된다고 하셔서 말이야. 웃지도 말라고 해서 TV도 제대로 못 봤지. 근데 얼굴의 상처보다도 당시에 받았던 충격이 더 컸어. 그때 나랑 싸웠던 애들은 고의가 아니라 사고였다는 이유로 반성문만 쓰고 아무런 벌도 받지 않았어. 그리고 한 달 만에 학교로 돌아갔더니 우리 반에는 왕따가 둘이 되었더라. 처음에는 상처가 제대로 아물지 않을까 봐 걱정이 돼서 무시하고 얌전히 있었던 거였는데, 좀 있으니까 나도 모르게 별의별 소문들이 퍼지고 있더라고. 밤에 골목에서 험한 꼴을 당하는 걸 누가 봤다는 얘기까지 돌았어."

"와~ 진짜 어이가 없네. 그때 그 언니들이 이상한 소문을 내고 다닌 거 아니에요? 자기네가 한 짓이면서?"

준희는 짜증이 난 목소리로 말했다. 늘 이런 식이다. 못된 것들은 못된 짓을 멈추지 않으면서 멀쩡히 잘 산다. 권선징악이나 개과천선은 전래동화 같은 데나 존재하는 말이다. 세상은 심판자가 아니라 공범자에 가깝다.

"고등학교에 가면 좀 달라질까 싶었는데 동네가 같으니까 소문도 계속 따라다니더라. 이 흉터 때문에 웃는 표정까지 바뀌었잖아. 나도 몰랐는데 애들이 내가 웃는 게 '썩소'래. 그래서 거울을 봤더니 진짜로 흉터 반대편 쪽 입꼬리만 씩 올리면서 웃는 거야. 흉터가 있는 쪽은 움직이면 티가 나니까."

준희는 안타까운 표정으로 마녀 언니의 얼굴을 쳐다보았다. 그런 준희를 보며 언니는 풋— 웃음을 터트렸다.

"야야, 그렇게 촉촉한 눈으로 볼 거 없어. 지금은 가끔씩 여기에 흉터가 있다는 걸 깜빡하기도 할 정도니까. 나중에 여기다가 피어싱을 한 걸 보고 엄마는 기 막혀 하셨지만 말이야. 물론 쉽지는 않았어. 처음 얼굴이 이렇게 되고 나서 아주 오랫동안 이런 생각에 빠져 살았지. '어떻게 나한테 이런 일이 생길 수가 있나, 왜 하필 나였을까.' 그러다가 나보다 훨씬 더 불행할 것 같은 사람들을 떠올렸지. 나는 얼굴의 흉터 정도지만 사고로 갑자기 시력을 잃거나 팔다리를 못 쓰게 된 사람들 말이야. 아니면 아예 처음부터 장애를 안고 태어난 사람들은 생각하는 거지. 그러면서 '내가 그보다는 낫지……' 하며 위안을 얻으려고 하는 거야. 궁색한 짓이고 가엾은 발버둥이지만 사람이라는 게 그렇더라고. 불행의 크기마저 자꾸 비교를 하게 돼."

위대한 쇼맨
(The Greatest Showman, 2017)

감독: 마이클 그레이시   **상영 시간:** 104분

출연 배우: 휴 잭맨(P.T. 바넘), 잭 에프론(필립 칼라일), 미셸 윌리엄스 (채러티 바넘), 젠데이아 콜먼(앤 휠러)

줄거리 요약: 회사에서 실직을 하게 된 바넘은 생계를 위해 공연 사업을 기획하고, 세상에 없는 특별한 공연을 만들기 위해 '특이한 외모'를 가진 단원들을 모집한다. 그렇게 해서 모인 거인, 턱수염이 난 여성, 온몸이 털로 뒤덮인 늑대인간, 흑인 곡예사 등이 특별한 그들만의 서커스를 시작하는데……

원더
(Wonder, 2017)

감독: 스티븐 크보스키   **상영 시간:** 113분

출연 배우: 제이콥 트렘블레이(어기 풀먼), 오웬 윌슨(네이트 풀먼),
줄리아 로버츠(이자벨 풀먼), 노아 주프(잭 윌)

줄거리 요약: 호기심 많고 사랑스러운 아이 '어기'는 크리스마스보다
핼러윈을 더 좋아한다. 얼굴을 감출 수 있기 때문이다. 밖에 나갈 때면
헬멧부터 찾는 어기는 안면기형을 안고 태어났다. 아들에게 더 큰 세상
을 보여 주고 싶은 부모의 결정으로 어기는 처음으로 헬멧을 벗고 학교
에 가게 된다. 큰 용기를 내어 들어선 학교에서 어기는 남다른 외모로
화제의 주인공이 되고 아이들의 시선과 놀림에 상처를 받는데……

〈위대한 쇼맨〉에는 이상하고 특별한 사람들이 잔뜩 등장해. 선박 회사를 다니던 주인공 바넘은 뜻하지 않은 사고로 직장을 잃고 당장 돈을 벌어야만 했어. 그래서 세상에 하나뿐인 공연을 기획하기 시작해. 특이한 외모 때문에 세상의 손가락질을 당하고 '낳아 준 부모조차 외면하는' 사람들을 모으러 다니는 거야. 어느 날 그는 다 큰 성인 남자인데 키가 자신의 무릎 정도까지밖에 오지 않는 톰을 만나 단원이 되어 달라고 청하지.

"어차피 조롱을 받을 거라면 돈을 받고 조롱을 받는 게 어떻겠소?"

거리에 나다니는 것만으로도 창피해서 죽을 지경인 사람한테 무대 위에서 호기심 어린 시선을 한 몸에 받으라니, 기가 막히지 않니? 그런데 그는 바넘이 내민 손을 잡아. 그렇게 특별하다 못해 기이한 외모를 지닌 세상에 하나밖에 없는 바넘의 서커스단이 만들어져. 왜소증인 톰을 비롯해서 공중그네를 타는 흑인 곡예사 남매, 털북숭이 인간, 온몸이 문신으로 뒤덮인 남자, 턱수염이 난 여자, 거인처럼 키가 큰 남자 등 다들 어쩔 수 없이 숨어 살기는 했지만 세상 밖으로 나오고 싶었던 사람들이 모이지. 이제 그들은 서커스 공연을 시작하면서 세상 사람들의 시선을 고통스럽게 견디는 게 아니라 화려한 조명 밑에서 즐기는 법을 배우기 시작해.

 난 얼굴에 흉터가 생기고 나서 밖에 나갈 때마다 마스크를 쓰고 다녔어. 허구한 날 마스크로 얼굴을 가리고 다니니 사람들이 뒤에서 수군거리는 것도 당연했지. 엄마는 "그깟 흉터, 네 얼굴에 바짝 코를 박고 봐야 보일 정도야. 엄마 팔자주름이 그보다 훨씬 흉해. 신경 쓰지 마라"라고 하셨지만 거울을 볼 때마다 제일 먼저 눈에 띄는 게 그 흉터인 걸 어떡해. 난 사람들이 무심코라도 날 쳐다보는 게 싫었어. 행여 상처가 되는 말 한마디를 들으면 열 마디로 되갚아 줘야 속이 풀렸어. 아무에게도 친절할 수 없었어. 그때의 나에 비하면 〈원더〉의 어기는 영웅이야. 경이로움, 기적을 뜻하는 '원더Wonder'라는 단어에 딱 어울리는 아이지. 고작 열 살짜리가 말이야.
 안면기형을 안고 태어난 어기는 성형수술을 무려 스물일곱 번이나 받았어. 열 살이 될 때까지 어기의 세상은 가족과 집이 전부였어. 바넘의 서커스단의 단원들은 바넘 때문에 세상 밖으로 나왔지만 어기는 부모님의 결정으로 학교에 입학을 하면서 세상 밖으로 나오게 되지. 처음 학교에 가던 날, 어기는 차마 헬멧을 벗지 못하고 망설여. 이제까지 밖에 나갈 때마다 남들이 쳐다보는 게 싫어서 헬멧을 쓰고 다녔거든. 그런데 헬멧을 쓰고 교실에 들어갈 수는 없잖아. 그때 누나가 이렇게 속삭여.

"돋보이는 것들은 원래 잘 섞이지 못해."

'돋보이는' 어기의 첫 학교 생활은 어땠을까? 안 봐도 뻔하지. 전
교생의 호기심 어린 시선과 신기해 죽겠다는 표정을 애써 외면하려
고 해 보지만 괴물이라고 놀려 대는 애들 때문에 어기의 마음은 그
야말로 벌집이 되어 가. 어기를 왕따시킨 아이의 학부모를 소환한
교장선생님은 이렇게 말하지.

"어기는 외모를 바꿀 수 없습니다. 그렇다면 우리가 보는 시선을 바
꿔야 하지 않을까요?"

이렇게 말할 수도 있었을 거야. "어기를 좀 보세요. 힘든 일을 많이
겪은 가엾은 아이란 말입니다. 그러니 불쌍하게 생각하고 잘 대해 주
는 게 옳은 일이죠." 그런데 교장선생님은 그렇게 말하지 않았어. 어
기는 가엾거나 불쌍한 애가 아니거든. 그저 좀 다른 것뿐이지. 나도
그 사고 이후 주변 어른들이 날 가엾다는 듯이 쳐다보면서 위로의
말을 할 때마다 고마운 게 아니라 화가 치밀어 올랐어. 난 내가 불쌍
한 건 아니었거든. 처음에만 잠깐 그랬을 뿐이야. 그런데 자꾸 나를

그런 식으로 보니까 괜찮아지고 싶어도 괜찮아질 수가 없었어. 화를 내면 낼수록 어른들은 내가 흉터 때문에 비뚤어졌다고 생각했지.

〈위대한 쇼맨〉의 서커스단 단원들은 나와는 정반대였어. 그들은 사람들이 자신들을 다른 눈으로 봐 줄 때까지 기다린 게 아니라 자신들의 시선을 먼저 바꾸었어. 큰 성공을 거둔 바넘의 서커스단이 영국의 여왕에게 초대를 받아 갔을 때 여왕이 톰을 보고 "어머, 생각보다 훨씬 작네요"라고 하자 그는 이렇게 대꾸를 해.

"뭐 당신도 천장에 팔이 닿지는 않네요."

감히 여왕의 면전에 대고 말이야. 자신감 대박! 근데 여왕은 화를 내기는커녕 웃음을 빵 터트렸어. 골방 안에 처박혀 살던 시절의 톰이라면 상상도 할 수 없는 일이었지. 서커스단 단원들 중에 레티라는 여자가 있어. 몸집이 크고 턱수염이 무성한데 목소리는 그 어떤 여자보다도 아름답고 가수로서 엄청난 재능이 있었지. 처음 바넘이 만나러 갔을 때 그녀는 얼굴을 마주치지 않으려고 숨기 바빴어. 그랬던 그녀가 서커스 공연에서 화려하게 빛나는 드레스를 차려 입고 관중들의 앞에서 노래를 불러. 〈This is me(이게 나야)〉라는 제목의 노래지.

"나는 용감해. 가슴에 멍은 들었지만. 나는 나야. 난 이렇게 태어난 거야. 이게 바로 나야!"

나는 이 어둠이 익숙해

사람들은 어서 숨으라고 말하지

내 흉한 모습을 보고 싶지 않다고

난 내 상처를 부끄러워해야 한다고 배웠어

다들 도망치라고 말해

아무도 너의 모습을 있는 그대로 사랑하지 않을 거라고

하지만 난 그들이 나를 무너뜨리도록 내버려두지 않을 거야

가장 잔인한 말들이 나를 조각내려고 덤벼도

파도로 다 씻어 버릴 거야

또 한 번 총알들이 내 살을 파고들지

그래, 마음대로 쏴 봐. 오늘만큼은 수치심에 항복하지 않을 거니까

사람들이 쳐다보는 게 두렵지 않아

미안하다고 하지 않을 거야

이게 바로 나니까

'다른' 건 '틀린' 것이 아니야. 오히려 다들 어떻게 하면 좀 더 '남과 다른' 사람이 되어 볼까, 어떻게 하면 조금이라도 더 튀어 볼까

고민하고 애를 쓰잖아. 그러면서 정작 진짜 남과 다른 건 이상한 눈으로 봐. 이게 논리적으로 말이 되니? 물속에 젓가락을 넣으면 보는 각도에 따라 젓가락이 중간에 뚝 꺾인 것처럼 보이거나 어항 속의 물고기가 실제 크기보다 커 보이는 것은 빛의 굴절 때문이야. 빛이 한 물질에서 다른 물질로 진행할 때 그 경계면에서 방향이 꺾이는 현상 말이야. 우리의 시각이나 관점도 마찬가지지. 내가 알고 있는 지식이나 경험, 가치관에 의해 빛의 굴절과 같은 왜곡이 일어날 수 있거든. 사람들은 나와 다른 것을 볼 때 그냥 '아, 다르구나'라고 생각하는 게 아니라 나의 기준에 맞춘 잣대를 들이대고 판단과 평가까지 같이 내려. 그러면서 "왜 너만 혼자 달라? 이상하잖아"라고 하지. "왜?"라니. 다른 데 무슨 이유가 있어야 해? 그냥 다른 거야. 그뿐이야.

〈원더〉의 어기의 첫 학교 생활은 어땠을까? 패잔병 같은 기분으로 집에 돌아온 어기는 다시는 학교에 가지 않겠다고 말하며 힘들어해. 엄마 이자벨은 이렇게 어기를 달래 줘.

> "자존감이 낮은 사람들이 주로 그런단다. 그러니 상대방이 유치한 행동을 하면 너는 어른스럽게 대해 주렴."

〈원더〉를 보다가 내가 처음 눈물을 흘렸던 장면이 바로 여기였어.

이자벨이 우리 엄마였으면 분명 "걔 이름이 뭐야!"부터 외치고 다음 날 바로 교무실로 쳐들어갔을 거야. 내가 다치고 나서 나랑 싸웠던 애들이 반성문 몇 장 쓰고 끝났다는 얘기를 듣고도 바로 교무실로 달려가셨거든. 선생님이랑 싸우고 난리도 아니었어. 그리고 한동안 나만 보면 "그 벼락 맞을 것들!"이라며 씩씩대셨지. 그런데 시간이 흐르면서 언젠가부터 엄마는 마스크와 치렁치렁한 긴 머리로 얼굴을 가리고 다니는 나를 보며 잔소리를 하기 시작하셨어. "대낮부터 귀신 돌아다닌다는 소리 듣기 딱 좋겠다. 꼴이 그게 뭐니? 얼굴에 마스크는 본드로 붙여 놨니? 내가 너만 보면 아주 숨이 막혀 죽겠다" 라며 말이야. 엄마는 나한테 괜찮다고 말해 줬을 때도 그냥 밑도 끝도 없이 "신경 쓰지 마라. 괜찮다"라고만 했지 내가 어떻게 생각해야 하는지, 왜 괜찮은 건지는 말해 주지 않았어. 어기가 자신이 못생겼다고, 괴물 같다고 절망할 때 이자벨은 어기의 앞에 무릎을 꿇고 앉아서 어기의 눈을 들여다보며 이렇게 말해.

"우리는 모두 얼굴에 표식이 있어. 이 주름들은 첫 번째 수술 때 새긴 거고 이 주름들은 네 마지막 수술 때 생겼어. 얼굴은 우리가 나아갈 곳을 보여 주는 지도야. 그리고 얼굴은 우리가 지나온 곳을 보여 주는 지도란다. 그러니 절대 흉한 게 아니야."

그렇지, 잘생긴 지도와 못생긴 지도란 없지. 나 역시 시간이 한참 흐르고 깨달은 게 있었어. 나에게 닥친 불행의 사이즈를 잰 건 바로 나라는 거야. 그 사고와 내 얼굴에 남겨진 흉터를 감춰야 할 것으로 본 나의 '애티튜드(Attitude, 태도)'가 문제였어. 더 이상 그걸 감추려고 노력하고 싶지 않아졌어. 그래서 허리까지 내려오던 긴 머리를 깎아 놓은 밤톨마냥 짧게 잘라 버렸지. 이 흉터를 더 이상 '흉'으로 보지 않기로 결심했거든. 처음엔 좀 어색하더니 금방 괜찮아졌어. 그리고 누가 무심코 내 흉터를 입에 올리는 소리를 들어도 아무렇지도 않아졌어. 민들레가 옆에 핀 장미를 부러워한들 장미가 될 수는 없는 일이지. 그렇지만 민들레가 장미보다 못한 게 뭐야? 가시넝쿨에서 고개만 내밀고 있어야 하는 걔네들에 비해 민들레는 홀씨가 되어 바람을 타고 너른 세상을 여행할 수 있잖아. 그런데 사람들은 늘 자기가 이미 가진 건 보지 않고 장미가 되고 싶은 욕심에 눈이 멀지.

　욕심에 눈이 먼 건 〈위대한 쇼맨〉의 바넘도 마찬가지였어. 상류층 사람들이 바넘의 쇼를 삼류 저질 눈속임이라고 비웃자 그는 그들에게 인정받을 수 있는 쇼를 성공시키고 싶은 마음에 초심을 잃고 말지. 그래서 자신이 그토록 마음을 쏟은 서커스단을 소홀히 해. 자신의 가족마저도 말이야. 그때 바넘의 아내 채러티가 바넘에게 이렇게 충고를 하지.

"모두에게 사랑받을 필요는 없어요. 곁에 있는 몇몇 사람만 있으면 돼요."

〈원더〉의 어기에게도 가족 외에 그런 '몇몇 사람'이 생겼어. 학교가 마냥 작은 악마들의 소굴인 것만은 아니었거든. 어기와 친구가 된 잭은 처음에는 교장선생님의 부탁으로 어기에게 다가간 것이었지만 이내 어기의 매력에 흠뻑 빠지게 돼. 그렇지만 핼러윈에 마음에도 없는 어기의 험담을 했다가 이를 우연히 들은 어기에게 상처를 주고 말아. 그런데 어기는 잭에게 왜 그랬냐고, 어떻게 자신에게 그럴 수가 있느냐고 화를 내거나 따지지 않아 그냥 담담히 학교 생활을 해 나가지. 그것이 잭의 선택이라면 인정해 줄 수밖에 없다고 생각한 거야. 그래서 오히려 잭은 더 괴로워하지. 어기의 담임선생님은 어기를 괴롭히는 반 아이들 앞에서 이런 말을 해.

"옳음과 친절함 중 하나를 선택할 땐 친절함을 선택하라."

쭌, 너희 반 기주라는 아이를 보면 한심하고 귀찮다고 했지? 그건 그게 잘못된 일이라는 것을 알기 때문이야. 그런데도 넌 그걸 말리지 않았어. 그건 옳음과 친절함 중 어느 하나도 선택하지 않는 거야. 난 중학교 때 그 패거리들과 싸우던 날 그 아이에게도 소리를 질

렀어. 넌 왜 맨날 밟히면서 멍청하게 꿈틀도 못 하냐고, 네가 그러는 게 얼마나 등신같이 보이는지 아느냐고 말이야. 정의의 사도처럼 그 아이의 편을 들고 나섰지만 난 과연 옳은 일을 한 걸까? 만약 소리를 지르는 대신에 그 친구에게 친절하게 대하고 함께 어울려 학교생활을 했다면 어땠을까? 그건 그 친구에게도 내 마음에게도 친절한 행동일 텐데 말야. 옳음은 절대적인 게 아니야. 내가 생각하는 옳음은 순전히 내 생각일 뿐이지. 그리고 지금 옳다고 생각한 것이 나중에 보면 옳은 게 아니었을 수도 있어. 이렇게 옳고 그름은 판단의 기준이 필요하지만 무엇이 친절한 것인지는 분명하잖아. 그런데 이 친절이 얼마나 중요한 가치가 있는 것인지 사람들은 잘 모르는 것 같아. 국립국어원『표준국어대사전』에서는 친절을 "대하는 태도가 매우 정겹고 고분고분함. 또는 그런 태도"라고 정의해. 그래서인지 몰라도 고객을 응대하는 서비스 업종에서나 '친절'을 강조하고, 도덕 교과서에서 꼽는 최고의 가치 중에서는 친절이 '정의'보다 뒷줄로 밀려. 옳음을 추구하는 게 먼저지. 그런데 영어에서 친절을 뜻하는 '카인드Kind'는 그 어원이 '가족'에 가까운 말이래. 상대방을 부드럽게 대하는 것만이 친절이 아니라 상대방을 가족처럼 생각하는 것이 친절이라는 거지. 그러면 옳고 그름의 잣대를 들이대기 전에 상대방의 마음을 헤아리는 게 먼저일 거야. 가족이라면 말이야. 수수께끼 한번 맞혀 볼래?

이것은 주는 이에게 해가 되거나 부자로 만들어 주지는 않지만 받는 이에게 넘치고, 순간은 짧으나 기억은 길이 남으며, 피곤한 이에게 휴식이 되고 우는 자에게 위로가 되며 인간의 모든 독을 해독하는 해독제이다. 그리고 돈으로 살 수 없고 남에게 빌릴 수도, 훔칠 수도 없는 이것은 무엇일까?

정답은 바로 '친절'이야. 〈원더〉에서 친절한 어기는 결국 졸업식에서 우수학생으로 선정이 되고 모두의 진심 어린 축하와 박수를 한 몸에 받으며 앞에 나가 메달을 받아. 그가 메달을 받게 된 이유에 대해 교장선생님은 이렇게 설명하지.

"위대함은 강함에 있지 않고 그 힘을 바르게 쓰는 데 있다. 훌륭한 사람은 그 힘으로 사람들에게 용기를 준다. 어거스트 풀먼은 그 강인함으로 사람들에게 용기를 주었다."

이런 의미에서 〈위대한 쇼맨〉의 바넘 역시 훌륭한 사람이야. 상처받고 무시당하며 살던 서커스단 단원들에게 새로운 '가족'을 만들어 주고 그들에게 용기를 주었으니까. 그리고 마침내 무대 위에 주인공으로 선 그들은 자신들의 쇼를 보러 온 사람들을 마음껏 웃게 만들기 위해 최선을 다해. 팍팍한 삶에 지치고 상처 받은 마음으로 거기 앉아 잠시 현실을 잊어 보려는 그 사람들 말이야. 그들의 마음을 어루만질 여유가 생긴 거지.

"다른 사람들을 행복하게 하는 것이 진정한 예술이다."

쭌, 이 세상은 말이지 서로 다른 수많은 꽃들이 모인 꽃밭 같은 거야. 어느 하나도 같은 꽃은 없어. 모양이 제각각일 뿐, 다 저마다 사랑스러워. 꽃들은 서로를 예쁜 꽃, 못생긴 꽃, 이렇게 나누지 않아. 그건 사람이 하는 짓이지. 사람들은 꽃이 봉오리 모양이 어떤지, 벌레 먹은 부분은 없는지, 잎사귀는 제대로 붙어 있는지, 줄기가 휘지는 않았는지를 보고 꽃의 가치를 평가하잖아. 그렇지만 꽃들은 꽃으로 태어났으니까 싹을 틔우고 꽃봉오리를 열기 위해 노력해. 그저 각자 피는 거야. 그러니 내 옆에 무슨 꽃이 피었나, 그렇게 애써 신경 곤두세울 필요가 뭐가 있겠니? 그런다고 내가 피울 꽃이 더 예뻐지는 것도 아닌데 말이야. 서로 사이좋게 뿌리를 내릴 한 뼘의 땅을 인정해 주고 바람과 비를 나누면서 같이 핀다면 〈위대한 쇼맨〉의 바넘의 서커스단도, 〈원더〉의 어기도 다 함께 어울린 정말 멋진 꽃밭이 되지 않겠어?

2장

용기가 필요할 때
이 영화를 봐

두려움이 없는 게 아니라
두려움을 넘는 거야

● \<빌리 엘리어트\>, \<헬프\> ●

처음 마녀 언니를 만나고 나서부터 준희는 거의 사흘에 한 번꼴로 편의점을 들락거렸다. 오늘로 벌써 다섯 번째다. 편의점이 가까워질수록 준희의 발걸음이 빨라졌다. 밤새 비가 오락가락하다가 아침 무렵부터 슬그머니 해가 난 날이라 공기 중에 촘촘히 밴 습기가 뜨뜻하게 불린 미역처럼 피부에 자꾸 들러붙었다.

"딸랑."

땀으로 축축해진 등짝이 영 불편하게 느껴질 때쯤 준희는 편의점 안으로 들어섰다. 아무도 없다. 그동안 이 안에서 손님을 마주친 것이 총 세 번. 마녀 언니가 틀어 주는 영화를 보고 수다를 떨다 보면

거뜬히 세 시간은 넘게 엉덩이를 붙이고 있는데 그사이에 드나든 손님이 이게 전부라니, 준희는 이러다 편의점이 문을 닫기라도 할까 봐 걱정이 될 정도다.

"언니! 언니?"

계산대마저 비어 있었다. 그러자 안쪽 진열대 너머에서 마녀 언니의 목소리가 들려왔다.

"어, 쭌 왔니?"

소리가 나는 쪽으로 걸어가자 제일 안쪽 진열대 바닥에 쪼그리고 앉아 있는 마녀 언니가 눈에 들어왔다.

"거기 서! 오지 마!"

마녀 언니가 급하게 고개를 쳐들며 준희에게 손사래를 쳤다. 흠칫 놀라서 걸음을 멈춘 준희의 눈에 언니의 손에 들린 병 조각들과 바닥에 흥건하게 고인 누런 액체가 들어왔다.

"우왁! 이게 다 뭐예요? 무슨 일 있었어요?"

"어휴, 말도 마. 한동안 조용하다 했다, 내가."

한숨을 내쉬며 바닥에 널브러져 있는 굵직한 유리 파편들을 줍고 있는 언니를 지켜보던 준희는 문득 눈을 들어 진열대 위를 훑어보았다. 와인이랑 위스키가 들어 있는 큼직한 술병들이 주르륵 놓여 있는데 중간에 빠진 이 같은 빈틈이 있었다.

"아까 어떤 아줌마가 열 살쯤 될까 말까 한 남자애랑 같이 편의점에 왔었거든. 애는 벌써 문을 벌컥 열고 뛰어 들어왔는데 엄마는 한참 뒤에야 여유만만하게 납시는 거 볼 때부터 좀 불안하더라고. 이 안에서 애가 진열대 사이를 막 뛰어다니면서 온 천지사방을 휘젓고 다니는데 엄마는 뛰지 마라 소리 한 번 안 하고 한들한들 당신 볼일만 보는 거야. 뭐라고 하고 싶은 걸 꾹 참고 불안한 마음에 눈으로만 애를 쫓고 있는데 하필 그때 카톡이 온 거지. 잠깐 핸드폰을 들여다보는 사이에 와장창 무너지는 소리가 나길래 후다닥 뛰어와 봤더니 이 꼴이 났네~ 애가 고개를 푹 숙이고 서서 눈치만 보고 있는데 다친 것 같지는 않더라고. 다치지 않은 걸 확인하고 나니까 화가 치미는 거야. 이런 데서 그렇게 뛰어다니면 어떻게 하느냐고 한마디 했지. 그랬더니 그제야 그 아줌마가 또각또각 걸어오더니, 내 참, 그 상황에서도 아주 우아하게 걸어오더라. 그러면서 나한테 방금 자기 애한테 뭐라고 했느냐며 눈꼬리를 쫘악 치켜뜨는 거야. 그러고는 막 따지기 시작하는데…… 자기가 봤다는 거야. 애는 아무 짓도 하지 않았는데 술병들이 흔들리다 떨어진 거래. 도대체 이 편의점은 위험하게 이런 데다 술병들을 진열해 가지고 사고가 나게 만드느냐, 애가 다쳤으면 어쩔 뻔했느냐, 도대체 알바 교육을 어떻게 시키길래 물건 진열 하나 똑바로 못 하느냐…… 그러면서 동네에 소문나고 고소 한번 당해 봐야 정신을 차린다고 막 난리를 피우는데…….”

“미쳤네, 미쳤어. 와~ 이 무거운 술병들이 에어컨 바람에 날리기라도 했대요? 뭔 말도 안 되는 소리를!"

"그래서 그 애한테 물어봤어. 네가 한번 말해 보라고. 병들 깨진 거는 누나가 책임질 거니까 걱정하지 말고 어떻게 된 일인지 사실대로만 얘기해 보라고 그랬거든."

"그랬더니요?"

"엄마 말이 맞대."

마녀 언니는 피식- 웃으며 대답했다.

"이 밑을 지나가는데 병들이 저절로 팍팍 떨어지더래."

유리 조각들을 대충 치우고 대걸레로 바닥을 닦기 시작한 언니를 바라보며 준희는 답답하다는 듯 가슴팍을 주먹으로 팡팡 쳤다.

"참 안타까운 일이야. 이런 작은 실수조차 인정할 만한 용기가 없다니. 그 아이는 앞으로 어떤 선택들을 하며 살게 될지 참……."

"에이, 뭘 또 그렇게까지 앞서가요. 지금 당장이야 엄마한테 혼이 날까 봐 사실대로 말을 못 한 거죠, 뭐. 좀 더 크면 다 정신 차릴 거예요. 진짜 자기 인생이 걸린 문제면 그땐 없던 용기라도 쥐어짤 걸요?"

준희는 정리가 다 끝난 뒤 창가 테이블 쪽으로 걸어가는 마녀 언니의 뒤를 따르며 중얼거리는 목소리로 말했다. 준희 역시 어른들로부터 '괜찮으니까 사실대로 말해 보라'는 얘기를 들었을 때가 몇 번 있었다. 그렇지만 그때마다 진짜 '사실대로' 말을 했던 기억은 나지 않았다. 마녀 언니는 생각에 잠겨 있는 준희를 돌아보며 말했다.

"과연 그럴까? 근데 너 그거 아니? 용기에도 근육이 있다는 거 말이야."

"근육이요? 우리 몸에 있는 그런 근육? 큭큭큭."

"어~ 맞아! 그런 근육."

마녀 언니는 진지한 표정으로 말을 이어 갔다.

"근육이라는 게 한 번에 생기는 게 아니잖아? 음식을 조절하고 운동을 하면서 조금씩 만들어 가야 하는 거지. 용기도 똑같아. 큰 용기가 필요한 순간에 큰 용기가 단번에 솟아나는 게 아니란 말이야. 아주 사소한 일에서 작은 용기를 내는 것에서부터 차근차근 시작해야 하는 거야. 그래서 그보다 조금 더 큰 용기, 그보다 조금 더 큰 용기를 내다 보면 정말로 중요한 순간에 진짜 큰 용기를 발휘할 수 있게 되는 거지."

빌리 엘리어트

(Billy Elliot, 2000)

감독: 스티븐 달드리　　**상영 시간:** 110분

출연 배우: 제이미 벨(빌리 엘리엇), 줄리 월터스(윌킨슨 부인), 게리 루이스(재키 엘리엇)

줄거리 요약: 영국 북부 탄광촌에 사는 열한 살 소년 빌리. 매일 복싱을 배우러 가는 체육관에서 우연히 여자아이들의 발레 수업을 보게 되고 뒤에서 몰래 동작을 따라 한다. 그런 빌리를 우연히 보고 발레의 재능이 있음을 알게 된 윌킨슨 부인은 빌리에게 특별 수업을 해 주며 런던 왕립 발레학교의 오디션을 보라고 권유한다. 그러나 빌리의 아버지가 발레는 여자들이나 하는 거라며 강하게 반대한다. 그런 아버지 몰래 춤을 추던 빌리는 어느 날 체육관에 불쑥 찾아온 아버지에게 비밀을 들키고 마는데……

헬프

(Help, 2011)

감독: 테이트 테일러　**상영 시간:** 146분

출연 배우: 엠마 스톤(유지니아 스키터 펠런), 비올라 데이비스(에이블린 클락), 옥타비아 스펜서(미니 잭슨), 제시카 차스테인(셀리아 풋)

줄거리 요약: 1963년 미국 남부 미시시피 잭슨, 돈 많은 남자와 결혼해서 가정부 딸린 집의 안주인이 되는 게 꿈인 친구들과 달리 스키터는 대학을 졸업하고 작가의 꿈을 이루기 위해 신문사에 취직을 한다. 살림 정보 칼럼을 맡게 된 그녀는 베테랑 가정부 에이블린에게 도움을 요청하고, 어느 날 흑인 가정부들의 경험담을 책으로 써 보자는 제안을 하기에 이른다. 인종차별에 대한 불만을 얘기하는 것만으로도 목숨의 위협을 받던 시절, 처음에는 거절을 하던 에이블린과 그녀의 친구 미니는 드디어 처음으로 세상을 향해 자신들의 이야기를 털어놓기로 결심을 하는데……

탄광촌에 사는 빌리의 아빠는 남자라면 모름지기 복싱 아니면 축구를 해야 한다고 입버릇처럼 말해. 그래서 빌리는 매일 체육관으로 복싱을 하러 다니지. 1980년대 변두리 탄광촌에서의 삶은 건조하고 메말랐어. 정부와 노조가 첨예하게 대립을 하면서 광부들이 파업을 하고 있는 상황이거든. 빌리에게 복싱을 배우게 하는 건 아이를 강하게 키우고 싶은 아빠의 마음이었지. 그런데 어느 날 빌리의 눈에 체육관 한편을 빌려 발레 수업을 하는 여자아이들이 눈에 들어온 거야. 복싱과 발레라니 참 어울리지 않지? 그런데 빌리는 복싱이 아니라 클래식 음악의 선율에 맞춰 우아하게 몸을 움직이는 발레에 그만 마음을 빼앗기고 말아. 빌리가 몰래 발레 동작을 따라 하는 걸 본 발레 선생님은 아이의 재능을 단박에 알아보고 발레 수업을 제안하지만 빌리의 아빠는 펄쩍 뛰며 반대를 해. 남자가 발레를 한다는 건 아빠에겐 있을 수도 없는 일이었어. 몸에 짝 달라붙는 타이즈와 토슈즈를 입은 아들을 상상하는 것만으로도 아빠는 피가 거꾸로 솟는 거야. 돈이 남아도는 것도 아니고 그 아무 짝에도 쓸데없는 것을 배우는 데 돈을 쓰다니. 아빠는 발레에 대한 빌리의 관심을 그저 현실에 대해 고민하고 책임질 필요가 없는 어린애의 사치쯤으로 치부하고 말아. 그렇지만 빌리와 발레 선생님은 포기하지 않고 몰래 발레 수업을 계속해 나가지.

빌리에게 발레는 그저 한순간의 매혹이나 호기심 따위가 아니라 진지한 열정이었어. 춤을 추면 어떤 느낌이 드느냐는 질문을 받았을 때 빌리는 마치 새가 되어 하늘을 나는 것 같다고 대답을 해.

> "그냥 기분이 좋아요. 조금은 어색하지만 한번 시작하면 모든 걸 잊게 되고 저 자신도 사라져 버려요."

광부의 아들은 다시 광부가 되는 것이 운명인 탄광촌처럼 〈헬프〉의 흑인 가정부들의 상황도 마찬가지야. 영화가 시작하자마자 흑인 가정부 에이블린이 인터뷰를 하는 장면이 나오는데 "크면 가정부가 될 걸 알았나요?"라는 질문에 "네. 제 엄만 하녀였고 할머니는 노예였어요"라고 대답을 하거든. 〈헬프〉의 시대적 배경은 1960년대 미국 남부 미시시피주 잭슨이야. 인종차별이 워낙 당연하게 이루어지던 시대였고, 여자가 결혼을 해서 큰 집의 안주인이 되는 것을 최고의 행복으로 여기던 때였어. 그런데 〈헬프〉의 다른 주인공 백인 여성 스키터는 달랐어. 외모를 꾸미는 데는 별로 관심이 없는 데다가 친구들 중 유일하게 대학을 졸업하고 신문사에 취직을 했지. 그리고 유일하게 남편도 아기도 없는 싱글이고 미래에 대한 꿈을 가지고 있어. 그런 그녀를 주위 사람들은 '별종' 취급을 해. 일찍 아기를 낳고 흑인 가정부에게 육아를 포함해서 온갖 궂은일을 시키면서도 고마운 마음은커녕 그들을 자신이 '소유'했다고 생각하는 미성숙한 인격의 친구들이 오히려 스키터를 가엾게 생각하는 거야. 잭슨의 백인 여자들은 약간 마피아 같은 구석이 있어. 한데 모여서 경쟁적으로 파티를 열고 결식아동 돕기, 빈민구제, 아프리카 난민 돕기 기금 마련 행사 같은 것을 열어. 그러면서도 아들 학자금이 모자라 대학을 포기해야 할지도 모른다며 도움을 청하는 자신의 가정부에게는 "예수님은 멀쩡한 자에게 동정을 베풀지 않았어. 돈이 필요하면 직접 벌어"라고 빈정댔어. 그중 최악은 이 마피아의 두목 같은 미스 힐리인데 동네 여자들은 그녀의 눈치를 보면서 비인간적인 인종차별과 인격모독에 동참해. 그렇게 당하면서도 제대로 말대꾸 한 번 하지 못하는 흑인 가정부들에게 스키터는 연민을 느끼지. 그래서 뉴욕의 한 유명 출판사 편집장에게 집필 제안을 해. 아무도 하지 않은 이야기, 아무도 묻지 않은 이야기에 대해 써 보고 싶다고 말이야.

"흑인 가정부들의 입장에 대해 글을 써 보고 싶어요. 그들이 백인 애들을 키워 주면 20년 후 그 애들이 자라 상전이 되죠. 같이 화장실도 못 써요. 아무도 그들에 대해 얘기하지 않아요. 그들의 심정에 대해서요."

스키터는 흑인 가정부인 에이블린과 그녀의 절친인 미니에게 인터뷰를 해 달라고 도움을 청해. 그랬더니 에이블린은 "내가 그 일을 하면 우리 집이 불에 탈지도 모른다"라며 벌벌 떨지. "인종차별법보다 백인인 당신이랑 마주 앉아서 얘기를 하고 있는 지금 이 순간이 나는 더 두렵다"라면서 말이야. 인종 간의 갈등에 대해 대놓고 이야기하는 건 불법이었으니 그런 책을 쓰면 목숨을 장담할 수가 없었던 거지. 그렇지만 에이블린은 결국 마음을 바꿔 먹고 절친 미니까지 가담해서 열심히 스키터를 돕기 시작해. 백인인 스키터가 침묵과 복종을 강요받으며 오랜 세월 두려움으로 닫혀 있던 흑인 가정부들의 마음의 빗장을 열고 마침내 그들의 입을 열게 만든 거지. 그 시작은 아마도 주위의 시선에 아랑곳하지 않고 그런 금단의 책, 출판사 편집장의 표현에 따르면 '거슬리는 이슈'에 대해 써 보겠노라고 번쩍 손을 들고 나선 스키터의 용기였을 거야.

〈빌리 엘리어트〉의 빌리에게도 그런 순간은 우연히 찾아왔어. 체육관에서 혼자 신나게 춤을 추고 있는데 갑자기 아빠가 들이닥친 거야. 나 같으면 냅다 도망을 쳤겠지만 빌리는 대신 아빠 앞에서 제대로 된 발레를 추기 시작해. 그런 아들을 놀란 눈으로 지켜보던 아빠는 씩씩거리며 뛰쳐나가서 발레 선생님을 찾아가. 아이고, 이제 난리가 나겠구나, 싶던 그 순간에 아빠는 이렇게 소리치지.

"애한테 발레를 가르치는 데 얼마면 되겠소?"

그러고 나서는 함께 파업을 하던 노조 동료들의 온갖 비난을 감수하면서 다시 탄광으로 돌아가. 빌리를 위해 돈을 벌어야 하니까 말이야. 그런 아버지에게 실망한 형이 여태 얼마나 고생을 했는데 이제 와서 이럴 수는 없다고 따지자 아버지는 이렇게 대답해.

　　　"우리는 이미 끝났지만 빌리는 아니야. 빌리를 이렇게 끝나게 할 순 없어."

　　아버지는 탄광촌에서 태어나 그곳을 한 번도 벗어나 본 적이 없는 사람이었어. 그는 운명처럼 광부가 되었고 그가 아는 세상이라고는 탄광이 전부였어. 나중에 런던 왕립 발레학교로 오디션을 보러 가는 길에 빌리가 런던에 가 본 적이 있느냐고 묻자 아빠는 이렇게 대답을 하거든.

　　　"아니. 런던에는 탄광이 없잖니……."

　　그도 어쩌면 어린 시절에는 다른 꿈을 꾸었던 적이 있었을지도 몰라. 그런데 그 꿈을 좇을 용기가 없어서, 혹은 현실이 앞을 가로막아서 그냥 탄광 속으로 걸어 들어갔을 수도 있어. 그렇지만 아들은 달랐지. 보수적이고 가부장적이고 제대로 된 교육을 받지 못해서 거칠고 힘겹게 살아온 아버지의 눈에도 아들의 재능은 빛났고 꿈을 끝까지 버리지 않겠다는 아들을 외면할 수는 없었던 거야. 난 빌리도 용감했지만 그 아빠도 참 용감한 사람이라고 생각해. 빌리가 남자가 토슈즈를 신고 발레를 하는 것에 대한 사람들의 시선을 전혀 부끄럽게 생각하지 않았던 것처럼, 아빠는 동료들을 배신하고 혼자 살아보겠다고 회사에 굴복한 것처럼 비춰질 게 뻔한 데도 아들을 위해 그 수모를 견딜 용기를 낸 거지. 용기에는 작은 용기가 큰 용기가 되는 '근육'도 있지만 이렇게 한 사람의 용기가 다른 사람의 용기를 부르는 '전염성'도 있어.

〈헬프〉에서도 이 '용기의 전염성'이 큰 역할을 해내지. 스키터가 보내온 원고를 마음에 들어 한 뉴욕의 출판사 편집장이 12명의 이야기를 더 모아 오면 책을 출간해 주겠다고 한 거야. 그렇지만 에이블린과 미니 말고는 인터뷰를 해 주려고 하는 사람이 없었어. 자칫하면 소문이 나서 해고를 당할 수도 있고 목숨까지 위험할 수도 있으니까. 그러다가 한 흑인이 집 앞에서 극단적인 인종차별주의자의 총에 살해되는 사건이 일어나. 그리고 미스 힐리의 가정부는 도둑 누명을 쓰고 경찰에 체포가 되지. 그들을 위해 나서는 사람은 아무도 없었어. 가만히 있으면 변하는 건 아무것도 없는 거야. 그날 스키터는 에이블린의 집에 갔다가 거실을 꽉 채운 흑인 가정부들을 만나게 되지. 자신의 이야기를 해 주겠다고 모인 그들을 말이야. 화가 치밀 만큼 슬프고 서럽고 비참하지만 사람 사는 이야기가 다 그렇듯, 때론 어이가 없고 우스운 그 이야기들이 드디어 책이 되어 세상에 나온 거야. "절대로 말대답을 하지 말라." 이것이 불문율이었기에 그 누구도 알지 못했고 그 누구도 알려고 하지 않았던 흑인 가정부들의 속내가 목소리를 얻은 거지. 용기에 대한 보답이라고나 할까. 사실 스키터는 어린 시절 자신을 키워 준 흑인 가정부 콘스탄틴에게 마음의 빚이 있었어. 그녀는 29년 동안 그 집에 함께 살면서 모든 것을 가르쳐 준 엄마나 다름없는 존재였지. 스키터가 친구들이 아무 생각 없이 던지는 독한 말이나 인종차별주의자들의 압박을 꿋꿋하게 무시할 수 있었던 것은 그녀 덕분이었을지도 몰라. 자신을 못생겼다고 놀리는 남자애들에게 상처를 받고 시무룩해져 있을 때 콘스탄틴이 이런 말을 해 줬었거든.

"주눅 들지 말아요. 그게 진짜 못난 거예요. 마음이 못난 게 진짜 미운 거예요. 사람은 죽어서 땅에 묻히기 전까지 매일 아침 눈을 뜨면 뭔가 결정을 해야 해요. 스스로 물어야 된다고요. 오늘도 바보들이 나한테 하는 나쁜 말들을 믿어야 할까? 아가씨 엄만 자기의 인생을 선택하지 못하고 선택을 당했죠. 하지만 아가씬 특별한 인생을 살게 될 거예요. 두고 봐요."

그런데 대학생이 된 스키터가 방학을 맞아 집에 와 보니 콘스탄틴이 사라지고 없는 거야. 엄마는 그만둔 것이라고 했지만 거짓말이었어. 엄마가 남부 여자 연맹의 회장을 맡게 된 날 인종차별을 당연하게 생각하는 그녀들의 무언의 압력에 못 이겨 콘스탄틴을 쫓아낸 것이었지. 시간이 지나 스키터가 이야기를 모아 출간한 책을 읽고 난 엄마는 딸의 손을 잡고 이렇게 말해.

"용기의 유전자는 가끔 세대를 건너뛰나 봐. 고맙다. 내가 잃은 걸 되찾아 줘서. 네가 이렇게 자랑스러운 적이 없었어."

이 두 영화의 매력적인 점은 단순하게 '주인공이 온갖 역경을 딛고 성공해서 모두가 행복해졌습니다'로 끝나지 않는다는 거야. 〈빌리 엘리어트〉의 빌리가 런던의 왕립 발레학교로 떠난 날 아버지와 형은 노조 파업의 실패로 다시 탄광으로 돌아가. 그리고 〈헬프〉에서 여전히 이웃들을 부추겨 인종차별과 불화를 조장하는 미스 힐리 때문에 에이블린은 결국 실직자가 돼. 한 번의 용기가 마법처럼 모든 걸 해결해 주지는 않아. 현실은 훨씬 더 많은 시련과 그것을 감당할 용기를 끝도 없이 요구하지. 용기는 두려움이 없는 게 아니라 두려움을 넘는 거야. 처음 내가 맞닥뜨리는 건 아주 작은 돌부리일 수 있지만 가다 보면 감히 쳐다보기도 겁이 날 만큼 어마어마한 높이의 벽이 나타날 수도 있어. 그렇지만 작은 두려움을 넘었던 경험이 있다면 그 순간을 기억해 내겠지. 스키터와 잭슨의 가정부들 그리고 빌리가 그랬던 것처럼 옳은 일을 위해서 그리고 포기할 수 없는 꿈을 위해서 말이야. 그래야 자신이 선택하는 삶을 살 수 있으니까.

모두가 불가능하다고 해도
너만은 가능하다고 믿는 너의 꿈

● <옥토버 스카이>, <주토피아> ●

마녀 언니네 편의점을 드나들기 시작하면서 준희는 집에 돌아오는 시간이 들쑥날쑥해졌다. 몇 번 둘러대고 났더니 준희의 창의적인 핑곗거리가 금세 바닥을 드러냈다. 대책을 세워야 했다. 그래서 학원이 끝나면 조용한 독서실에서 공부를 하고 오겠다고 하고 엄마에게서 허락을 받아 냈다. 편의점에 들르지 않는 날에는 진짜로 독서실에 늦게까지 있다가 집으로 돌아왔다. 집에 있는 것보다는 그쪽이 훨씬 마음이 편했다. 색색의 색연필과 형광펜을 총동원해서 공부 계획표를 알록달록하게 짜기도 하고, 마음을 다잡고 참고서를 진득하게 들여다보기도 하고, 그러다 집중이 잘 안 되고 마음이 엎질러진

콩알들처럼 흩어지는 날에는 학교 도서관에서 빌려 온 책을 훌훌 넘겨 보기도 했다.

　그날이 그런 날이었다. 준희는 쌓인 참고서 밑에 깔려 있는 책을 꺼내 보았다. 제목이 『데미안』이다. 지난번에 마녀 언니와 무슨 이야기인가를 나누다가 고전 명작들은 기본으로 읽어야 한다고, 그 책들이 고전 명작인 데에는 그만한 이유가 있는 거라고 하는 말을 듣고 빌려 와서는 그 위에 다른 책들을 쌓아 놓고 깜빡한 책이었다. 아직 몇 페이지 읽지 않았지만 설렁설렁 읽으면 안 되는 책이라는 것은 충분히 알 수 있었다. 차라리 참고서로 돌아갈까 고민을 하면서 뻐근한 목덜미를 쭉 늘리는데 옆자리에 앉아 있는 해진이가 준희 눈에 들어왔다. 칸막이 안쪽으로 허리를 굽히고 있어서 보이는 거라고는 옆구리뿐이었다. 누가 강력 접착제로 붙여 놓기라도 한 것처럼 꼼짝도 하지 않았다. 준희는 공부 잘하는 애들은 어딜 가도 티가 난다고 생각했다. 학교에서 해진이를 모르는 애는 없다. 준희와 같은 반은 아니지만 주위 들은 소문이 한 보따리다. 공부 잘하는 팔방미인. 미술 대회, 독후감 대회, 논술경시 대회, 영어웅변 대회 등 온갖 대회에 나가 상을 휩쓰는 아이다. 처음 독서실에 등록을 하러 왔던 날 해진이 옆자리가 자리가 비어 있는 걸 보고 준희는 속으로 '아싸!'를 외쳤었다. 우등생 옆자리는 경쟁이 치열하다. 그들 주위는 공기조차 진지해서 그 옆에 붙어 앉아 있으면 공부하는 분위기가 난다는 것이 이유다. 그런데 오늘따라 숨소리조차 내지 않는 해진이에게 자극을 받는 대신 힘이 쭉 빠져 버렸다. 준희는 데미안의 펼쳐 놓은 페이지를 건성건성 읽다 말고 한숨을 폭- 내쉬었다. 그때 바로 뒤에 앉아 있던 수빈이가 주섬주섬 가방을 챙기는 기척이 느껴졌다.

"야, 같이 가자."

준희는 같은 아파트에 사는 수빈이 쪽으로 몸을 돌려 속삭이고는 벌떡 일어나 가방을 열고 책상 위에 널린 것들을 대충 밀어 담았다. 밖으로 나오자 미적지근한 한여름 밤의 공기가 기다렸다는 듯이 팔다리에 들러붙었다. 수빈이 옆에서 나란히 걷던 준희가 수빈이에게 물었다.

"참, 너 해진이랑 같은 반이지?

"해진이? 아~ 어."

"친해?"

"아니? 근데 우리 엄마가 개네 엄마랑 좀 알지."

"아, 그래?"

"반에서 개랑 친한 애는…… 아마 거의 없지? 워낙 공부만 하니까. 쉬는 시간이고 뭐고 없어 갠. 학원도 개네 엄마가 다 따라다니잖아. 이 학원에서 땡 하면, 바로 저 학원, 저 학원 땡 하고 끝나면 집에서 온갖 과외……. 어우, 나 같으면 벌써 가출했다."

"헤에? 진짜 대단하네. 근데 갠 못하는 게 없다며? 공부 하나만 해도 대학 못 들어갈 걱정은 없을 텐데 뭘 그렇게 이것저것 다 하려고 난리지?"

뒷담화라는 게 늘 이 모양이다. 시작은 아무런 의도가 없다가도 끝은 늘 이렇게 비아냥이 끼어들고 만다.

"걔네 엄마가 문제지 뭐. 걔가 초등학교 때 나랑 같은 미술학원에 다녔거든? 근데 어느 날부터 안 나오는 거야. 나중에 엄마한테 들은 얘긴데 그 미술학원 원장이 해진이가 미술에 소질이 엄청 많다고, 나중에 미대 쪽으로 보내면 좋겠다고 그랬다고 그 엄마가 바로 다음 날로 그 미술학원 끊었대. 똑똑한 딸한테 헛바람 넣는다고. 대단하지 않니? 걔가 대회 나가서 상 받는 것도 걔네 엄마가 스펙 쌓는다고 계획표 다 짜서 시키는 거래더라. 알고 보면 걔도 불쌍한 애야."

준희는 입을 벌린 채 수빈이의 말을 듣고 있다가 킁 콧방귀를 뀌며 고개를 돌렸다.

"불쌍하긴~ 그런 엄마 덕분에 나중에 대학은 골라서 가는 거지, 뭐."

그리고 입을 다물긴 했지만 준희는 속으로 묘한 안도감 같은 것을 느꼈다. 요 며칠 사이 부쩍 나는 왜 남보다 잘하는 게 없을까 고민을 하고 있었더랬다. 잘하는 게 없어서 앞으로 무엇을 하고 싶은지가 쉬이 판단이 서지 않는 거라는 결론을 내리기 직전이었다. 그래서 좀 비참해지려던 참이기도 했다. 그런데 해진이의 이야기를 들으며 내가 원하는 것이 뭘까 하는 고민이 누군가에게는 애초부터 선택 사항이 아닌 사치일 수도 있다는 생각이 들었던 것이다.

"그래서 넌 대학에 가면 뭘 공부하고 싶은데?"

과자 진열대를 이리저리 살피는 준희를 향해 마녀 언니가 큰 소리로 물었다. 외모나 뇌 용량은 고사하고 남들 다 하나씩은 있는 것 같은 재능이나 재주도 뭐 하나 타고난 게 없는 게 재앙의 시작인 것 같다는 하소연을 한참 하고 난 뒤였다.

"네? 어, 그게…… 음……"

준희는 친구들끼리 얘기를 할 때조차도 '하고 싶은 것'에 대한 질문만 나오면 딱 꼬집어 '이거'라고 내밀 만한 답이 늘 없었다. 언니는 계산대 쪽으로 걸어가며 말했다.

"아직 잘 모르겠지? 이해해. 나도 그때 그랬으니까. 참 이상하지 않니? 진로 얘기가 나오면 다들 네 성적으로 갈 수 있는 대학이 어디냐고 물어보더라. 선생님들은 나한테 너는 아빠가 A대학을 졸업하셨으니 너도 그 이상은 가야 하지 않겠느냐고, 부모님 실망시키지 말라고 하셨지. 근데 성적에 맞춘 대학을 짚어 주기 전에 무슨 공부를 하고 싶으냐, 나중에 무슨 일을 하고 싶으냐를 먼저 물어봐야 하는 거 아닌가?"

준희가 눈을 동그랗게 떴다.

"우와! 언니네 아빠가 A대학 나오셨어요? 명문대 출신이시네요! 그럼 언니는……?"

"난 그 영원한 라이벌 대학을 갔지."

"대애박! B대학이요?"

"근데 2학년도 못 마치고 중퇴했어."

마녀 언니의 말에 동그랗게 떴던 준희의 눈이 왕방울만 하게 더 커졌다.

"미쳤…… 아니, 왜요?"

"관심이 1도 없는 전공 공부할 시간에 좋아하는 영화를 한 편이라도 더 보고 싶었고, 나중에 하고 싶지도 않은 일을 죽어라 하면서 내 삶을 몽땅 갈아 넣을 자신도 없었고, 그냥 괴로웠어."

"전공이 뭐였는데요?"

마녀 언니가 서 있는 계산대 앞까지 번개처럼 잰걸음으로 다가온 준희가 물었다.

"경영학과."

"픕."

잠시 멍한 표정으로 쳐다보던 준희가 고개를 왼쪽으로 꺾자 마녀 언니가 안경알 너머로 눈을 치켜떴다.

"푸웁? 그거 암만 좋게 들어도 비웃음인데?"

"큭큭큭, 아뇨, 아뇨. 비웃기는요. 경영학과가 얼마나 경쟁률이 센데! B대 경영학과면 평생 보험이죠, 보험! 전 가고 싶어서 발버둥을 쳐도 못 갈 확률이 백프로네요. 경영학과에서 영화라니, 이건 뭐 비슷한 구석이 하나라도 있어야죠."

"내가 거길 가고 싶어서 갔겠니? 부모님 희망사항이었지. 그때 못 버티고 항복하는 바람에 2년을 버린 거잖니. 아니지, 2년이 뭐야. 결과적으로는 4년이지. 어우우우, 아까워라."

그 시간들을 떠올리기라도 하는 듯 마녀 언니는 눈을 꼭 감은 채 몸을 부르르 떨었다.

"그럼 만약 지금이었으면 경영학과를 가라는 부모님께 뭐라고 했을 거 같아요?"

마녀 언니가 눈을 뜨고 준희를 바라보며 빙그레 웃었다.

"엄마 아빠! 죄송합니다. 뒷감당은 그냥 제가 알아서 하겠습니다. 제 인생 제가 꼬는 거죠 뭐."

"푸하하하하하! 그게 뭐야!"

"나중에 내가 어디서 읽은 건데 말이지, 미국의 한 연구소에서 성인 남녀 천오백 명을 대상으로 두 부류로 나누어 추적조사를 했대. 83%인 A그룹은 '원하는 일을 하기 위해서는 돈부터 벌어야 한다'는 생각으로 직업을 선택했고 17%인 B그룹은 '우선은 원하는 일을 선택하고 돈은 나중에 걱정하겠다'는 마음으로 직업을 선택했어. 그런데 20년 후 그 천오백 명 중에 101명이 백만장자가 되었는데 그 101명 중 100명이 B그룹에 속한 사람들이었대. 놀랍지 않니?"

"우와, 진짜요? 그러면 고민을 할 필요가 없죠. 원하는 일을 선택하면 되지!"

"흐음, 과연 B그룹에 속하는 게 그렇게 말처럼 쉬울까? 주위에서 온갖 부정적인 반응과 부정적인 말들이 쏟아지고 이러다 나만 뒤처질지 모른다는 두려움이 쓰나미처럼 밀려오더라도 눈 하나 꿈쩍하지 않고 내가 원하는 일을 죽어라 열심히 할 만큼 강철 같은 신념이 있어야 하는데?"

준희는 문득 지난밤 독서실에서 봤던 해진이의 뒷모습이 떠올랐다.

"그럼 마음이 그만큼 강하지가 못해서 그때의 언니처럼 어른들 말을 고분고분 들으면 어떻게 되는 거예요? 어른들은 늘 그러잖아요. 다 너희들을 위해서 그러는 거라고. 거기에 행복이 아주 없지는 않을 거 아니에요?"

마녀 언니가 계산대에서 나와 창가 테이블을 향해 천천히 걸어왔다. 마녀 언니는 오묘하고 다정한 미소를 짓고 있었다.

"스티브 잡스가 이런 말을 했지. '멋진 일을 하는 오직 한 가지 방법은 당신이 하는 일을 사랑하는 것이다. 그것을 찾지 못했다면 안주한 채 포기하지 말고 계속해서 찾아라.' 남들이 찾아 주는 거 말고 네가 찾아야지. 너마저 믿지 않는 것을 너의 꿈이라고 부를 수는 없지 않을까?"

　준희의 손에 핸드폰을 쥐어 주며 마녀 언니가 말했다.

옥토버 스카이
(October Sky, 1999)

감독: 조 존스톤   **상영 시간:** 108분

출연 배우: 제이크 질렌할(호머 힉캠), 크리스 쿠퍼(존 힉캠), 로라 던 (미스 프레이다 라일리), 크리스 오웬(퀜틴 윌슨)

줄거리 요약: 냉전이 지속되던 1957년, 탄광마을 콜우드의 남자들은 대부분 대를 이어 광부가 되는 것이 운명이다. 마을을 벗어나기 위해서는 미식축구 장학금을 받아 대학에 가는 수밖에 없다. 그런데 주인공 호머의 꿈은 별나게도 로켓을 만드는 것이다. 호머와 친구들은 가족과 주변 사람들의 비웃음과 반대를 무릅쓰고 로켓 실험에 열을 올려 끝내 성공한다. 그런데 성공의 기쁨도 잠시, 산불을 냈다는 누명과 아버지의 탄광 사고 등 온갖 악재들이 꼬리를 물고 일어나는데……

주토피아

(Zootopia, 2016)

감독: 바이론 하워드, 리치 무어 **상영 시간:** 108분

줄거리 요약: 주토피아는 맹수와 초식동물이 공생하며 사는 모두가 살고 싶어 하는 이상적인 도시다. 그런데 이곳에서 연쇄 실종사건이 발생한다. 주토피아 최초의 토끼 경찰관인 주디 홉스는 48시간 안에 사건을 해결하라는 명령을 받고 뻔뻔한 사기꾼 여우 닉과 함께 합동 수사를 펼치게 되는데…….

〈옥토버 스카이〉의 호머가 태어나고 자란 곳도 탄광촌이야. 〈빌리 엘리어트〉 속 빌리의 고향처럼 광부인 아버지를 따라 아이들도 광부가 되는 것이 운명인 곳 말이야. 빌리가 발레리노의 재능으로 그곳을 벗어난 것처럼 콜우드 마을을 벗어나는 유일한 방법은 미식축구 특기생으로 뽑히는 것뿐인데 현실적으로 매우 희박한 확률이지. 이 영화의 제목인 〈옥토버 스카이〉는 소련이 세계 최초의 인공위성인 스푸트니크호를 쏘아 올리는데 성공한 1957년 10월 4일의 하늘을 의미해. 전 세계가 밤하늘을 가로지르며 날아가는 인공위성을 지켜봤지만 작은 탄광촌 소년 호머에게는 특히 더 큰 의미가 있었지. 그 순간 로켓이랑 홀라당 사랑에 빠지고 말았거든. 사랑이란게 원래 사정 봐 가면서 오는 게 아니라지만 이건 참 뜬금없는 일이었지. 호머는 과학과 수학을 아주 싫어했으니까. 다음 날 호머는 바로 모범생이자 책벌레로 소문난 퀜틴에게에게 가서 말을 걸어. 너도 알지? 왕따한테 말 걸면 왕따2가 되는 지름길이라는 거 말이야. 근데 지금 호머가 그런 거 따질 때가 아니지. 그렇게 퀜틴을 포함한 네 명의 친구들이 로켓을 만들기 위해 뭉치게 돼. 로켓에 대해서 1도 모르는 애들이 모여서 만든 로켓이 오죽 하겠니? 첫 로켓은 하늘이 아니라 울타리를 향해 대포알처럼 날아가서 울타리를 박살을 내 버려. 그래도 호머와 친구들은 포기하지 않고 로켓에 대해 공부를 하고, 로켓 만들 돈을 마련하기 위해 버려진 철로를 뜯어다 팔기도 해. 물론 주위 사람들의 비웃음과 손가락질이 만만치 않았지. 특히 호머의 아버지는 자신의 뒤를 이어 광부가 될 거라고 믿었던 아들의 당치도 않은 꿈을 영 못마땅해 했어. 호머를 응원해 준 유일한 어른은 과학 선생님인 미스 라일리야. "꿈만 가지고는 콜우드를 벗어날 수 없다"라며 호머에게 과학과 수학을 공부하게 하고 전국 과학박람회에 출전해 보라고 추천을 하지. 우승을 하면 콜우드를 벗어나 대학에 갈 수 있다고 말이야. 그 얘기를 들은 다른 네 친구들이 이렇게 물어.

> (친구) "탄광촌 아이들이 과학박람회에서 우승할 확률이 얼마나 되지?"
> (호머) "백만 분의 일쯤?"
> (친구) "그렇게나 높아? 왜 진작 말하지 않았어!"

큭큭큭. 어쨌든 '0'보다는 나은 확률인 건 확실하잖아.

사람들이 '불가능'이라고 하는 것에 도전하려고 하는 건 〈주토피아〉의 주디 홉스도 마찬가지였어. 주토피아는 맹수와 초식동물이 서로 공생하는 이상적인 도시야. 토끼인 주디는 경찰관이 되는 게 꿈이지. 그런데 그런 얘기를 하면 다들 말이 되는 소리를 하라고 해. 경찰은 나쁜 사람을 잡는 직업이잖아. 그래서 보통 덩치가 크고 힘센 동물들이 그 일을 해. 그리고 몸집도 작고 힘도 약한 주디 같은 토끼들은 주로 농장에서 일을 하지. 주디의 부모님은 주디의 '이룰 수 없는 꿈' 때문에 걱정이 많아.

(아빠) "현실을 인정하고 안정적으로 살아. 시도하지 않으면 실패할 일이 없지."

(주디) "난 시도해 볼 거예요."

(아빠) "아빠 말은 네가 경찰이 되는 건 거의 불가능하다는 거야."

(엄마) "네 아빠 말씀이 맞아. 지금까지 토끼 경찰은 없었어."

(주디) "그럼 제가 최초가 되겠네요! 제가 세상을 더 살기 좋은 곳으로 만들 거예요."

이걸 무모하다고 해야 해, 아님 용감하다고 해야 해. 다시 돌아와 〈옥토버 스카이〉에서 '백만 분의 일'의 확률에 도전하기로 한 호머와 친구들 이야기를 해 줄게. 그들은 마침내 로켓 발사에 성공을 해. 그래서 신문에 기사도 나고 주목을 받지. 뭔가 일이 잘되어 갈 것만 같았어. 그런데 그 로켓이 근처 산에 불을 냈다는 누명을 쓰게 되면서 고난이 또 시작돼. 아이들은 퇴학까지 당하고, 엎친 데 덮친 격으로 호머의 아버지가 탄광 사고로 크게 다치는 바람에 호머는 돈을 벌어야만 하는 상황에 처했어. 결국 호머는 어쩔 수 없이 탄광으로 들어가 일을 시작하게 돼.

〈주토피아〉의 주디는 결국 경찰학교에 입학을 해. 이후 온갖 무시와 차별 속에서도 노력과 끈기로 버티며 결국 수석 졸업을 해. 하지만 그건 시작에 불과했어. 막상 경찰이 되고 나서 주디에게 주어진 임무는 '나쁜 놈 잡기'처럼 폼 나는 게 아니라 불법주차 단속이었거든. 경찰서 서장은 심드렁한 표정으로 주디에게 〈옥토버 스카이〉의 미스 라일리가 호머에게 했던 말과 비슷한 말을 던져.

> "인생은 뮤지컬 애니메이션과는 달라. 노래 좀 부른다고 꿈이 이루어지지 않는단 말이야."

주디는 실망스러웠지만 교통경찰의 임무에 최선을 다해. 그러다 사기꾼 여우 닉 와일드를 만나게 되지. 닉은 주디에게 "토끼 따위가 어떻게 진짜 경찰이 될 수 있겠느냐"라며 비웃어. 주디는 상처를 받지. 이후 하는 일마다 꼬이던 주디는 명령 불복종으로 48시간 안에 실종사건을 해결하지 못하면 해고를 당할 운명에 처하게 돼. 사실 꿈을 향해 열정을 불태우다 된통 상처를 입은 건 닉도 마찬가지였어. 주디가 경찰 배지를 뺏길 뻔한 순간에 나타나 주디를 구해 준

닉은 자신도 한때 레인저가 꿈이었다고 말해. 그런데 첫날 동료들이 여우 같은 맹수를 어떻게 믿을 수 있느냐며 입마개를 씌우고 못살게 굴어서 뛰쳐나왔다고 털어놓지.

"그날 두 가지를 깨달았어. 첫째, 상처받은 걸 절대 남에게 보이지 말 것. 둘째, 세상이 여우를 믿지 못할 교활한 짐승으로 본다면 굳이 다르게 보이려고 애쓰지 말 것."

그렇게 주디와 닉은 서로에게 마음을 열고 본격적으로 연쇄 실종 사건에 대한 수사를 시작해.

〈옥토버 스카이〉의 호머도 탄광일을 그만두고 다시 로켓을 만드는 일을 시작하기로 마음을 먹어. 아버지는 호머에게 로켓이 그렇게 좋으면 탄광일을 하고 남는 시간에 만들라고 설득을 해 보지만 호머는 단칼에 거절을 해. 현실과 타협하며 손을 잡는 대신 현실과 맞서 싸우기로 한 거야.

"탄광은 아버지의 삶이지 제 삶이 아니에요. 다시는 거기로 내려가지 않을 거예요. 저는 우주로 가고 싶어요."

호머는 우여곡절 끝에 전국 과학박람회에 출전하게 되지만 또다시 뜻하지 않은 난관에 부딪쳐. 〈주토피아〉의 주디 역시 연쇄 실종사건을 해결하지만 그 사건의 여파로 맹수와 초식동물 간의 편견과 불신이 커지면서 주토피아는 엉망이 되어 버려. 주디조차 닉을 자신도 모르게 경계하는 모습을 보이면서 닉에게 큰 상처를 주고 말지. 경찰관이 돼서 모두가 평등한 세상을 만들고 싶었던 꿈을 스스로 망쳤다며 자책하던 주디는 경찰을 그만두고 고향으로 돌아가. 현실에서 뭔가를 한 방에 완벽하게 이룰 수는 없어. 늘 넘어야 할 산들이 끝도 없이 나타나지.

"삶은 실수투성이다. 우린 늘 실수를 한다. 누구나 무엇이 될 수 있다. 어느 누구도 실패 없이 배울 수는 없다."

그래서 주디와 호머는 과연 어떻게 했을까? 호머를 위기에서 구해 준 것은 다름 아닌 아버지였어. 평생을 광부로 살아온 고지식한 아버지는 아들의 꿈을 이해할 수는 없었지만 아들을 사랑하는 마음만큼은 누구보다 컸지. 그런 아버지에게 호머는 "로켓 공학의 최고 전문가가 아니라 나름대로 최선을 다해 성실하게 삶을 살아온 아버지가 바로 나의 진정한 영웅"이라고 말하지. 호머는 광부인 아버지의 삶보다 더 나은 삶을 살고 싶어서 우주를 꿈꾼 게 아니었거든.

"우린 모두 사물을 똑같이 보진 않아요. 사람들은 저마다 견해가 다르죠. 하지만 전 제가 무언가 될 수 있다고 마음으로 믿어요. 그리고 그건 제가 아빠와 다르기 때문이 아니에요. 똑같기 때문이죠. 제가 바라는 건 아빠처럼 좋은 사람이 되는 거예요."

가족들마저 내 꿈을 응원해 주지 않는다고 해서 원망하거나 지레 절망할 필요는 없어. 가족들도 다 저마다 견해가 다르니까 갈등이 생기는 것은 자연스러운 일이고 나름대로 너를 걱정하는 마음에서 그러는 것일 수도 있거든. 네가 겪을 실패와 그로 인해 상처받을 너를 위해 무모한 꿈은 쓸데없는 짓이라고 말리는 거지. 〈주토피아〉에 나오는 주디의 부모님이나 〈옥토버 스카이〉의 호머의 아버지처럼 말이야. 그렇지만 꿈의 무게중심은 결과보다는 그것을 이루어 가는 과정에 있지. 그것이 순탄치 않은 것은 당연해. 어려움 없이 모든 일이 술술 풀려 나간다면 오히려 의심을 해 봐야 하는 거야. 너의 꿈이 너의 가능성에 비해 너무 작은 것일지도 모르니까. 열심히 노력하고 있는데 자꾸 어려움이 닥친다면 네가 잘 가고 있다는 증거야. 그러니 네 꿈을 한번 믿어 봐. 미스 라일리가 호머를 믿었던 것처럼 말이야.

"난 네가 해낼 줄 알았어. 꿈을 꾸는 자는 그 꿈을 닮아 가기 마련이야. 난 앞으로 신입생들에게 내가 어떻게 로켓 소년들을 가르쳤는지

자랑할 거야. 어떻게 그들이 작은 꿈을 꾸었고 그 꿈을 현실로 이뤘는 지 그 전설적인 이야기를 들려줄 거야. 언젠가 그들 중 한 명은 너희가 한 걸 자기도 할 수 있다고 느끼게 되겠지.”

3장

깨달음이 필요할 때
이 영화를 봐

편견의 바위를 깨는
끈질긴 물 한 방울

● <히든 피겨스>, <아이 캔 스피크> ●

"언니, 제가 제일 무서워하는 질문이 뭔지 알아요? '넌 어떻게 생각해?' 이거예요. 선생님이나 친구들이나 이렇게 물어볼 때가 제일 짜증 나요……."

"응? 왜?"

준희는 이마를 잔뜩 찌푸리며 대답했다.

"뭐라고 대답해야 할지 모르겠어서요. 정답이 뭔지는 눈치로 알겠는데 그게 내 생각이랑은 다를 때, 그때는 어떻게 해요? 진짜로 내가 생각하는 걸 말하면 웃음거리가 되거나 미움을 받거나 할 거 같아서 적당히 맞춰 주고 말지만 기분은 별로 좋지가 않아요."

"왜 웃음거리가 되거나 미움을 받을 거라고 생각하는데?"

"어차피 진짜 내 생각이 궁금해서 나한테 그런 질문을 하는 게 아니니까요. '답정너'인 거죠. 근데 이게 버릇이 되다 보니까 상대방이 원하는 대답은 금세 떠오르는데 언제부턴가 진짜 제 생각이라는 게 점점 없어져 가는 거 같아요. '넌?'이라는 질문을 받으면 일단 머릿속이 하얘져요."

"거짓말이 버릇이 돼서 그래."

준희는 뜻밖의 말에 살짝 속이 상해서 마녀 언니를 흘겨보았다.

"에이, 거짓말은 아니죠. 일부러 속이려고 작정하고 꾸며 내는 것도 아닌데요?"

"그게 거짓말 중에서도 제일 큰 거짓말이지. 너 자신을 속이는 거잖아."

마녀 언니의 담담한 목소리가 준희에게 콕콕 날아와 박혔다. 사실 며칠 전, 준희는 학원 복도에서 한 애가 다른 친구와 크게 다툰 이야기를 하며 "너도 그렇게 생각하지?"라고 묻는데 아무 생각 없이 "어, 그렇지 뭐……"라고 했다가 된통 오해를 산 일이 있었다. 교실 뒷문으로 하필 그 얘기의 당사자가 막 나오는 참이었던 것이다. 준희가 얼버무리듯 흘린 대답을 듣고 단단히 토라진 친구는 며칠째 학원에서 냉기가 풀풀 날리는 얼굴로 준희를 노려보는 중이다. 그리고 그 친구와 친한 애들 몇몇이 덩달아 준희를 힐끔거리며 보란 듯이 서로

귓속말을 하는 걸 벌써 여러 번 봤다.

"설령 상대방이 듣고 싶은 말이 따로 있다는 걸 알아도 네 생각을 물었으니까 그냥 네 생각을 말하면 되지. 어차피 사람은 자기가 듣고 싶은 대로 들으니까 네가 굳이 친절하게 정답을 정리해 줄 필요는 없어."

가뜩이나 의도치 않은 미운털이 여간 불편한 게 아니던 준희는 억울한 마음이 울컥 올라왔다.

"싸움이 나거나 혼이 나거나 누군가에게 상처를 주거나 하는 것보단 낫잖아요. 언제나 그렇게 교과서처럼 행동할 수는 없죠. 언니도 이러는 제가 비굴하다고 생각하시는 건가요?"

"누가 너더러 비굴하다고 했어? 아니면 네가 그렇게 생각하는 거니? 네가 그랬잖아. 네 생각이라는 게 점점 없어져 가는 것 같다고. 남이 듣기 좋은 말만 찾다 보면 상대방은 네가 진짜로 어떤 사람인지 모르게 되고 너조차도 어느 게 진짜 너인지 점점 헷갈리게 된단 말이야."

"후우우-"

준희는 길게 한숨을 내쉬었다.

"그렇지 않아도 학원에서 저한테 맘 상한 애가 하나 있는데……. 어우, 그때 대답을 제대로 잘할 걸 후회해도 늦었어요. 아마 여기저기 제 흉을 겁나게 보고 다니고 있을 거예요. 벌써 눈치가 수상하거든요. 그렇다고 애들을 하나씩 찾아다니면서 그런 게 아니라고, 오해라고 일일이 해명할 수도 없고."

"무슨 일인지는 모르겠다만 너 혹시 시간이 해결해 줄 거라고 생각하고 있는 건 아니지?"

마녀 언니가 준희를 돌아보며 말했다. 마침 속으로 좀만 참고 버티다 보면 애들도 이러다 말겠지 생각하고 있던 준희는 뜨끔하고 허를 찔린 기분이었다.

"내가 중학교 때 그 일로 고등학교 졸업할 때까지 고생한 거 알지? 생각이라는 게 한번 굳어지면 좀처럼 깨기가 힘들어. 그러니 그러기 전에 지금 네가 해야 할 말이 있으면 하는 게 좋아. 물론 그러려면 엄청난 용기가 있어야 하겠지만 말이야."

히든 피겨스

(Hidden Figures, 2016)

감독: 데오도르 멜피   **상영 시간:** 127분

출연 배우: 타라지 P. 헨슨(캐서린 존슨), 옥타비아 스펜서(도로시), 자넬 모네(메리 잭슨), 케빈 코스트너(알 해리슨)

줄거리 요약: 천부적인 두뇌와 재능을 타고난 세 명의 흑인 여성이 나사(NASA) 최초의 우주궤도 프로젝트에 선발된다. 그러나 나사 입성의 기적을 이룬 기쁨도 잠시. 단지 흑인이라는 이유로 사무실에서 800미터나 떨어진 유색인종 전용 화장실을 사용해야 하고, 단지 여자라는 이유로 중요한 회의에서 제외되며 커피포트조차 따로 써야 한다. 그러다 새로운 프로젝트가 난항을 겪게 되면서 드디어 그녀들의 활약이 시작되는데……

아이 캔 스피크
(I Can Speak, 2017)

감독: 김현석   **상영 시간**: 119분

출연 배우: 나문희(나옥분), 이제훈(박민재), 박철민(양 팀장), 염혜란 (진주댁)

줄거리 요약: 온 동네를 휘저으며 무려 8천 건에 달하는 민원을 넣어 구청 직원들 사이에 공포의 '도깨비 할매'로 불리는 나옥분 여사. 그러 나 새로 전근을 온 원칙주의 9급 공무원 민재는 영 만만한 상대가 아 니다. 어느 날 수준급 영어를 구사하는 민재를 본 옥분은 그에게 영어 선생님이 되어 줄 것을 부탁한다. 처음에는 거절을 하던 민재도 마침 내 특별수업을 허락한다. 옥분이 영어에 매달리는 이유가 내내 궁금했 던 민재는 어느 날 그녀가 평생 숨겨 왔던 비밀을 알게 되는데…….

〈히든 피겨스〉는 영화 포스터부터가 그냥 지나칠 수가 없어. 거기에 정답을 다 적어 놨거든.

"천재는 인종이 없다. 용기는 끝이 없다. 힘은 성별이 없다."

영화 〈위대한 쇼맨〉을 보면서 내가 미국의 인종차별의 역사에 대해 이야기해 줬던 거 기억나? 모든 공공장소가 백인 전용, 흑인 전용, 이렇게 나누어져 있던 그때 피부색으로만 차별을 했던 게 아니야. 여성차별도 심각한 수준이었어. 어느 정도였느냐면 여자는 남편의 허락 없이 은행 계좌 하나도 마음대로 개설할 수 없었거든. 이런 시절에 천재 소리를 들으며 자란 세 명의 흑인 여자아이가 있었어. 타고난 수학적 재능이 너무 뛰어났던 이 친구들은 인종차별과 여성차별이라는 이중 장벽을 뚫고 나사(NASA, 미국 항공우주국)에 입성을 해. 기적 같은 일이지. 그런데 모든 어려움을 이겨 낸 이들 앞에 놓인 것은 꽃길이었을까? 아니야. 똑똑한 과학자들만 다 모아 놓은 나사에서도 차별과 편견은 여전했어. 캐서린은 수학 천재였는데 나사에서 하는 일은 전산 사무보조원이었지. 중요한 프로젝트는 다 남자들 차지였어. 흑인인 그녀는 유색인종 전용 도서관에서 책을 빌리고, 유색인종 전용 식당에서 밥을 먹어야 했지. 어느 날 팀장이 비에 쫄딱 젖은 모습의 캐서린에게 40분이나 자리를 비우고 어디를 갔었느냐고 소리를 질러. 그러자 캐서린은 "하루에 몇 번은 화장실을 가야 해서 미안하다"라고 말해. 캐서린의 사무실에서 유색인종 전용 화장실이 있는 건물까지는 거의 800미터나 떨어져 있었거든. 캐서린의 말을 듣자 팀장은 곧장 건물 화장실에 붙은 유색인종 사용 금지 팻말을 뜯어 내고 말해.

"우리 모두 오줌 색깔은 똑같아."

어떤 사람들은 그러겠지. "그럼 그렇지. 늘 슈퍼맨처럼 나타나 밀어주는 사람이 있어야 성공하는 거지 혼자 힘으로는 어림도 없어"라고 말이야. 그런데 늘 없는 사람 취급을 당하던 캐서린이 그렇게 욱하고 목소리를 높이지 않았다면 그 팀장이 캐서린을 도와줄 수 있었을까?

〈아이 캔 스피크〉의 나옥분 할머니는 평소에도 목소리가 엄청 크신 분이야. 구청 민원실의 블랙리스트 일순위가 될 만큼 말이야. 온 동네를 돌아다니며 조금이라도 잘못된 게 있으면 득달같이 달려가 민원을 넣은 게 8천 건이 넘지. 그런 할머니가 민원을 넣는 일만큼이나 열정을 불태우는 일이 있었는데, 바로 영어 공부야. 그런데 영어학원에서는 느릿느릿 진도를 제대로 따라가지 못하는 '할머니 학생'을 반가워하지 않았어. "할머니가 영어를 배울 수 있을 리가 없어", "할머니가 이제 와서 영어 배워서 어디다 쓰시게?" 하며 눈치나 주고 말이야. 그래서 결국 가는 곳마다 퇴짜를 맞고 말아. 그러던 어느 날, 원리 원칙을 내세워 할머니의 천적으로 떠오른 9급 신규 공무원 박민재의 유창한 영어 실력을 알게 된 할머니는 그에게 영어를 가르쳐 달라고 졸라. 하지만 박민재는 단칼에 거절을 하지. 그도 다른 사람들과 똑같이 생각한 거야. '그 연세에 영어는 무슨.' 그런데 결국 할머니의 이 말 때문에 그는 마음을 돌리게 돼.

"내가 꼭 하고 싶은 말이 있어서 그래. 박 주임아, 한 번만 도와줄 수 없겠냐?"

영어로 하고 싶은 말이 있으시다는 거야. 손자뻘인 자기에게 그렇게 면박을 당하면서도 꿋꿋하게 영어선생님이 되어 달라고 쫓아다닐 정도면 진짜 간절한 마음인 거지. 원하는 것을 솔직히 말할 수 있으려면 큰 용기가 필요해. 특히 그 원하는 것이 얻기가 아주 힘든 것이라면 더더욱. 그리고 용기 있는 말에는 절대 바뀌지 않을 것 같은 것을 바꾸는 힘이 있어.

〈히든 피겨스〉의 또 다른 주인공 메리는 엔지니어가 되는 것이 꿈이야. 그런데 엔지니어가 되기 위해서는 흑인 학교가 아니라 백인

학교에 가서 수업을 들어야만 했어. 당시 시대에서는 불가능한 일이었지. 그런데 메리는 재판까지 불사하며 입학 허가를 받으려고 해. 그때 메리가 판사 앞에 당당하게 서서 이렇게 말을 하지.

"제 피부색을 바꿀 수는 없습니다. 거기에는 선택의 여지가 없지만 최초가 되는 건 가능합니다. 판사님의 도움만 있다면요. 100년 뒤에 판사님은 어떤 판사로 기억되기를 바라시나요? 판사님이 최초가 될 수 있는 건 무엇이 있을까요? 누구에게나, 어떤 일에나 반드시 처음은 있기 마련이죠. 제가 바로 그 최초가 되고 싶습니다."

결국 메리는 판사의 허가를 받아 내고 흑인 여성 최초로 나사의 엔지니어가 돼.

그러면 〈아이 캔 스피크〉에서 나옥분 할머니가 그렇게 간절하게 영어로 하고 싶다던 그 말은 뭐였을까? 그건 바로 그때까지 미국 의회에서 할머니의 지난 과거를 증언하는 거였어. 알고 보니 할머니는 일제 강점기 '위안부' 피해자였던 거야. 자신이 오랜 시간 식구처럼 챙기던 시장 식구들에게도 털어놓지 못한 일평생 감춰 온 비밀이었지.

"이 사진이 끔찍했지만 난 버릴 수가 없었어. 만약 버리면 잊어버릴 테고, 잊어버리면 무릎 꿇고 지는 거니까."

할머니가 아무에게도 '말'을 할 수 없었던 이유는 세상의 편견 때문이었어. 가족조차도 살아 돌아온 그녀를 감싸 안아 주기는커녕 과거를 덮기에 급급했었거든. 그래서 그 말 많은 나옥분 할머니도 진짜로 하고 싶은 말은 하지 못하고 살아온 거였어. 그런데 더 이상 그렇게 살기 싫었던 거야. 아니, 더 이상 그렇게 살아서는 안 된다는 것을 깨달았던 거지. 마침내 미국으로 가기 전에 할머니는 어머니의 무덤에 들러서 생애 처음으로 가슴속에 묻어 두었던 말을 꺼내 놓아.

"엄마! 죽을 때까지 꽁꽁 숨기고 살라고 했는디 인자 그 약속 못 지켜. 아니, 안 지킬라구. 돌아가신 엄마보다는 정심이가, 정심이보다는 내가 더 중허니께. 그때 나한테 왜 그랬어? '불쌍한 내 새끼, 참말로 욕봤다.' 한마디만 해 주고 가지."

내뱉어진 말도 숨겨진 말도 누군가에게 상처가 될 수 있어.

할머니는 자신이 위안부 피해자라는 사실이 동네에 퍼지고 나서 가장 친했던 진주댁이 표 나게 자신을 외면하는 게 영 서운했지. 그래서 그녀에게 가서 왜 자신을 피하느냐고 따져 물어. 그런데 그건 할머니의 또 다른 편견이었어. 사람들이 자기가 위안부 피해자라는 걸 알면 당연히 색안경을 끼고 볼 거라는 편견 말이야. 정작 진주댁은 "그동안 같이 보낸 세월이 얼만데 나에게 힘든 거 말도 안 했던 게 서운해서 그랬다. 나를 그렇게 얼뜨기로 알았느냐. 그 오랜 세월 얼마나 혼자서 힘들었느냐"라고 하면서 할머니를 붙들고 펑펑 울어. 편견은 '이게 당연해'라는 생각에서 시작되는 경우가 많아.

〈히든 피겨스〉의 마지막 주인공인 도로시는 나사 전산원에서 일하는데 아무도 그녀를 매니저로 대접해 주지 않지. 상황 판단이 빠른 그녀는 앞으로 컴퓨터가 중요하게 사용될 거라는 예측을 하고 공부를 시작하지만 흑인이라는 이유로 도서관을 이용하는 것도 만만치가 않아. 어느 날은 아이들과 함께 필요한 책이 있는 백인 전용 도서관에 갔다가 쫓겨나게 돼. 그렇지만 필요했던 책은 몰래 가지고 나오거든. 그러자 그녀의 아이들이 "훔친 거냐?"라고 묻는데, "난 정직하게 세금을 꼬박꼬박 내는 사람이니 보고 싶은 책을 볼 권리가 있다"라고 통쾌하게 대답해. 그러면서 이렇게 말해.

"당연한 것이 다 옳은 것은 아니란다."

〈히든 피겨스〉에 나오는 나사의 다른 직원들이나 〈아이 캔 스피크〉에 나오는 동네 사람들 그리고 나옥분 할머니가 학원에서 만난 사람들 모두 나쁜 사람들이 아니야. 그저 하루하루 열심히 살아가는 평범한 우리의 동료이자 이웃들이지. 그런데 〈히든 피겨스〉의 그들은 인종차별과 여성차별을 당연한 것으로 생각하고, 〈아이 캔 스피크〉의 그들은 위안부 출신이라는 먼 과거 속의 일과 나이에 대한 편견을 당연한 것으로 생각해. 그런데 이게 옳은 건 아니잖아? 역사나 다수의 의견을 '당연한 것'으로 받아들이면 안 되는 이유는 그것이 한 번 굳어지고 나면 다른 생각은 할 수가 없어지기 때문이야. 그게 옳은 게 아닐 수도 있는데 문제를 제기하고 진짜 옳은 게 무엇인지를 다시 찾을 여지가 없어지고 말아. 지나간 역사에는 가끔 진실을 감추어 놓은 뒷장이 있어. 사회적 인식이라는 것도 공평한 게 아니어서 다수의 의견이 편견을 심어 주기도 해. 그러니 늘 우리는 다수의 숫자와 힘에 눌리지 말고 우리가 생각하는 것을 말할 수 있어야 해. 아무리 상대가 '짐 크로법(Jim Crow Laws, 백인과 유색인종 분리 정책)'으로 비인간적인 차별을 정당화한 사회 전체이거나 '모르쇠'로 일관하며 역사적 범죄를 덮으려고만 하는 한 나라의 정부라도 말이야.

"말할 수 있습니다."

나옥분 할머니는 청문회 증인석에 앉아서 증언을 하겠느냐는 질문에 "아이 캔 스피크I can speak"라고 대답하지. 이 "아이 캔 스피크"는 두 가지로 해석될 수 있어. 영어를 못했던 할머니가 드디어 영어로 말을 할 수 있게 되었다는 의미도 되고, 또 역사와 세상이 제 아무리 입을 막아도 이제는 진실을 말할 수 있다는 의미도 되지.

〈히든 피겨스〉라는 제목에도 이렇게 두 가지 의미가 숨어 있어. 하나는 나사의 '숨겨진 사람들', 우주개발 프로젝트에 큰 공헌을 한 숨은 인물들이란 뜻이야. 그리고 또 하나는 '숨겨진 숫자', 나사가 새로운 프로젝트에 성공하기 위해 찾아 헤맸던 좌푯값과 같이 숨은 숫자들이란 뜻이지.

> "우리는 당신들에게 무리한 요구를 하는 것이 아닙니다. 단지 잘못을 인정하기만 하면 됩니다. 당신들이 용서받을 기회를 주고자 하는 것입니다. 더 이상 후세에 무거운 짐을 남기지 마세요. I am sorry. 이 한마디가 그렇게 어렵습니까?"

쇠보다 단단한 바위 위로 끊임없이 떨어지는 작은 물방울이 결국 바위에 구멍을 내는 거야. 〈히든 피겨스〉의 그녀들이 그랬던 것처럼, 그리고 〈아이 캔 스피크〉의 나옥분 할머니가 그랬던 것처럼. 절대로 무너질 것 같지 않은 편견에 결국 금이 가게 만드는 것도 이런 힘없는 사람들의 말 한마디일 수 있단 말이지. 너의 말에도 그런 무게와 힘이 있어. 그러니 남의 머릿속으로 애써 들어가서 그들이 원하는 말을 생각하지 말고 너의 말을 해.

절망에 지친 백 명의 사람은
서로 다른 백 가지의 선택을 하지

● <조커>, <모던 타임즈> ●

　제법 굵은 빗줄기가 편의점 창을 투다닥- 투다닥- 두드리며 흘러내리고 있었다. 아직 이른 오후인데 밖은 저녁 여섯 시가 넘은 것처럼 어둑어둑했다. 비가 와서인지 오늘따라 편의점 안은 바늘 떨어지는 소리도 들릴 것처럼 조용하다. 준희는 아까부터 말없이 창밖만 바라보고 있었다. 계산대 너머에서 준희를 물끄러미 쳐다보던 마녀 언니가 준희가 앉은 테이블로 다가왔다. 준희는 바나나 우유에 꽂아 놓은 빨대를 입에 문 채 멍한 표정으로 앉아 있었다. 마녀 언니는 평소처럼 준희의 어깨를 툭 치는 대신 가만히 이름을 불렀다.

　"야, 박준희."

준희가 슬로모션으로 마녀 언니 쪽을 쳐다보았다.

"너 오늘 왜 그래? 무슨 일 있었어? 친구가 절교 선언이라도 한 거야? 아님 뒤통수에 반사판이라도 달린 것처럼 후광 돋는 왕자님이라도 본 거야?"

"……"

일부러 익살스러운 목소리로 자분자분 말을 걸어 봤지만 준희는 마치 누가 잘못 말을 걸기라도 한 것처럼 대꾸조차 하지 않은 채 도로 창밖으로 시선을 돌렸다. 그렇게 잠시 침묵이 흐르고 마녀 언니가 걱정에 못 이겨 다시 뭐라고 하려던 참에 준희가 먼저 입을 열었다.

"오늘 학원에서 들었는데 저희 아파트 단지 끝에 있는 동 옥상에서 어떤 오빠가 뛰어내렸대요. 그 오빠 동생이 저랑 같은 학원에 다닌다고 하더라고요. 전 잘 모르는 애지만…… 이런 슬픈 소식은 뉴스에서만 봤지……. 같은 아파트라고 하니까 기분이 이상하더라고요. 아침 내내 애들끼리 그 얘기만 했어요."

"그런 일이 있었어? 왜 그런 거래?"

"왕따는 아니었다고 하니까 뻔한 스토리죠 뭐. 중학교 때까지는 공부를 되게 잘하던 오빠였대요. 근데 고등학교 들어가고 나서 성적이 많이 떨어졌다나 봐요. 아들한테 기대가 컸던 부모님은 실망이 크셨고 혼도 많이 내셨을 거고. 수시 준비를 하다가 수능으로 바꿔서 죽어라 공부를 했는데 성적이 생각만큼 오르지 않아서 오빠는 스트레스를 엄청 받았을 거고……. 모의고사 같은 거 보고 나면 다들 몇 번씩 그런대요. '내가 죽어야 이게 끝나지.' 이런 생각요."

기어드는 목소리로 웅얼거리듯 내뱉는 준희의 말을 들으며 마녀 언니는 낮은 한숨을 연거푸 내쉬었다.

"알베르 카뮈의 『시지프 신화』라는 책의 첫 구절이 뭔지 알아? '참으로 진지한 철학적 문제는 오직 하나뿐이다. 그것은 바로 자살이다.' 일상은 반복이야. 때로는 매일 반복되는 그 일이 신의 저주처럼 느껴지기도 해. 어제 산꼭대기에 올려놓은 바위가 밤사이 굴러 내려와서 다시 그 돌덩이를 밀고 까마득한 산꼭대기를 오를 생각을 하면 막막하지. 이러고 매일 살아야 할 이유와 가치를 찾기가 쉽지 않아. 그래서 거기서 자유로워질 수 있는 방법은 오직 그 삶을 끝내는 것뿐이라고 생각하게 되는 거야."

"이해가 되면서도 이해가 되지 않아요. 그렇다고 진짜 죽기까지…… 너무 무서울 거 같은데. '대체 어떤 마음이면?'하는 생각이 머릿속에서 떠나지를 않아요. 얼마나 절망하면 그럴 수 있을까요?"

준희는 마녀 언니의 말에 불쑥 끼어들었다.

"신문에 나는 자살 사건들을 보면 항상 '비관'이라는 말이 붙어 있어. 성적 '비관', 교우관계 '비관', 처지 '비관'……. 개인의 선택인 죽음이지만 이걸 그저 단순한 '개인적인 비관'으로 보는 건 그 죽음의 무게를 너무 가볍게 여기는 거라고 생각해. 그 아이를 옥상 난간으로 떠민 보이지 않는 손들이 있었을 거야. 주변의 무심한 말투, 아니면 오히려 질책하는 말투, 말로 혹은 눈빛으로 주는 부담감, 지나친 기대 혹은 무관심. 그렇다고는 해도 자살은 올바른 해답이 아니야. 시지프는 자살을 하는 대신 매일 바위를 굴려 올려. 딱 죽고 싶은 상황에서 최고의 반항은 죽는 게 아니라 눈 똑바로 뜨고 사는 거야. 그래서 카뮈는 그런 시지프가 '자신의 운명보다 우월하고 바위보다 강하다'라고 했던 거지."

"그럼 그 오빠가 마음이 약해서 그런 선택을 했다는 건가요?"

준희의 말에 마녀 언니는 가만히 고개를 저었다.

"아니. 내 말은, 살다 보면 누구에게나 죽고 싶을 만큼 절망하게 되는 순간이 찾아온다는 거야. 이 세상에 비관할 게 성적만 있는 건 아니거든. 그런데 그 절망을 맞는 태도는 사람마다 다 달라. 그리고 서로 다른 선택들을 해. 우리가 어떤 삶을 사느냐는 절망을 대하는 태도가 변수가 되는 거지."

조커

(Jocker, 2019)

감독: 토드 필립스　　**상영 시간:** 123분

출연 배우: 호아킨 피닉스(아서 플렉), 재지 비츠(소피 두몬드), 로버트 드 니로(머레이 프랭클린), 프란시스 콘로이(페니 플렉)

줄거리 요약: 고담시의 불운한 광대 아서 플렉은 소심한 성격에 선천적으로 발작적인 웃음을 멈추지 못하는 병이 있어 정상적인 사회생활이 쉽지가 않다. 그의 꿈은 코미디언이 되는 것이지만 사람들은 그의 농담을 오히려 조롱거리로 삼는다. 이런저런 뜻하지 않은 사건들이 겹치며 아서의 삶은 점점 벼랑 끝으로 내몰리고, 좌절한 그는 결국 돌이킬 수 없는 선택을 하고 마는데……

모던 타임즈

(Morden Times, 1936)

감독: 찰리 채플린   **상영 시간**: 87분
출연 배우: 찰리 채플린(공장 노동자), 파울레트 고다드(집 없는 아이)
줄거리 요약: 하루 종일 공장에서 나사못을 조이는 일을 하는 찰리. 눈에 보이는 모든 것을 조여야 한다는 강박에 빠진 그는 결국 정신병원 신세까지 진다. 퇴원 후 거리를 방황하던 그는 시위대에 휩쓸려 억울하게 옥살이까지 하게 된다. 몇 년 후 출소한 찰리는 거리에서 빵을 훔치던 한 고아 소녀를 도와주고 그 인연으로 소녀와 함께 살기 시작한다. 이제 찰리는 다시 사회로 돌아가 열심히 살아보기로 결심하는데…….

슈퍼히어로 '배트맨' 알지? 박쥐 아저씨 말이야. 배트맨의 숙적이
자 최고의 미치광이 악당 이름이 '조커'잖아. 그 조커가 어떻게 탄생
하게 되었는지를 담은 영화가 바로 〈조커〉야. 원래 조커Joker란 '궁중
의 어릿광대', '우스개 소리를 하는 사람'이라는 뜻이야. 하지만 영화
속 조커는 이름과 얼굴의 광대 분장이랑도 전혀 어울리지 않게 피
도 눈물도 없는 잔인한 악당이야. 과연 그는 태어날 때부터 악당이
었을까? 조커의 본래 이름은 아서, 직업은 광대였어. 남을 웃기는 것
이 일이지만 정작 그의 삶은 슬프기 짝이 없었지. 집에서는 혼자 아
픈 어머니를 돌봐야 하고, 직장에서는 무시당하기 일쑤고, 거리에서
는 사람들에게 하찮은 취급을 받아. 하루는 광대 옷을 입고 가게 앞
에서 광고판을 둘러매고 서 있다가 십 대 아이들에게 몰매를 맞아.
나중에 왜 가만히 맞고만 있었느냐고 동료가 묻자 아서는 "애들이잖
아······"라고 중얼거리지. 그는 그런 사람이었어.

　소심하고 겉으로 표현하기보다는 안으로 삭히는 아서에게 관심
을 갖는 사람은 아무도 없었어. 코미디언이 되는 것이 평생의 꿈이
라서 코미디 클럽의 무대에 서 보지만 아무도 그의 코미디가 웃기다
고 생각하지 않아. "내가 어릴 적에 사람들에게 커서 코미디언이 될
거라고 말하면 모두가 나를 향해 웃었어. 하지만 지금은 누구도 웃

어 주지를 않네"라고 하며 절망하지. 그는 사람들에게 행복한 웃음을 주고 싶었지만 그런 그에게 돌아오는 건 비웃음뿐이었어. 더욱이 불우한 어린 시절 입은 신경 손상으로 인해 아서는 발작적 웃음을 참지 못했고, 조현병까지 앓고 있어서 사람들은 아서를 불편한 눈으로 바라보며 거리를 뒀어. 아서에게 세상은 온기라고는 전혀 없는, 차갑고 냉정하고 무례한 곳이었어. 그래도 아서는 어떻게든 참고 그 속에서 살아 보려고 해.

"정신질환의 가장 나쁜 점은 남들에게 아무렇지 않은 척 해야 한다는 것이다."

〈모던 타임즈〉의 찰리의 현실도 아서와 크게 다르지 않았어. 찰리는 평범한 공장 노동자로 컨베이어 벨트에서 나사 조이는 일을 반복해. 어찌나 열심히 일을 했던지 평소에도 물건만 보면 조이려고 드는 강박을 갖게 된 거야. 그래서 정신병원에 수감되면서 실직을 하지. 그러다가 퇴원 후에는 거리에서 우연히 시위대에 휘말리면서 주동자로 몰려 이번에는 교도소 신세를 지게 돼. 이 정도면 머피의 법칙 챔피언감이지. 1936년 〈모던 타임즈〉가 만들어졌을 때 미국은 산업화의 후폭풍을 겪고 있었어. 기업들이 더 많은 이윤을 만들어 내기 위해 시스템을 바꾸고 덩치를 불리면서 자본주의가 급속히 팽

창을 하던 시기였지. 소위 '재벌'들이 경제를 좌지우지하는 시대가 열린 거야. 그래서 주당 평균 60시간을 일하는 노동자들은 저임금으로 극심한 가난에 허덕이고, 전 국민의 1%에 불과한 소수 부자들이 전체 소득의 90%를 차지할 정도로 빈부 격차가 심했어.

80년대를 배경으로 한 〈조커〉 속 고담시의 현실도 이와 비슷해. 소득의 불균형이 심하고 부자들이 지배하는 도시였어. 〈모던 타임즈〉 시대의 노동자들이 공권력에 저항하는 방법은 파업뿐이었어. 언론은 그것을 '폭동'이라고 불렀지. 〈조커〉에서도 부조리하고 불평등한 현실에 지친 노동자들이 거리로 몰려 나와 시위를 해. 건물들이 불에 타고 거리는 아비규환의 혼란에 빠졌는데 이 와중에 부자들은 호화로운 극장 안에서 영화를 보며 웃음을 터트려. 그때 그들이 보고 있던 장면이 찰리 채플린이 백화점에서 스케이트를 타고 있는 모습이었어. 〈모던 타임즈〉를 상영 중이었던 거지. 아이러니하지 않아?

거의 막다른 골목 앞에서 서성이는 것 같은 상황은 아서도 찰리도 비슷했지만 둘의 선택은 전혀 달랐어. 찰리는 우연히 만난 고아 소녀와 함께 살 집을 마련하기 위해 백화점에 야간 경비로 취직을 하지만 밤에 잠을 자다가 경찰에 또 체포가 돼. 진짜 되는 일이 없는 거지. 현실은 끝도 없이 시련을 안겨 주는데 찰리와 소녀는 희망을 버리지 않아. 그것이 끝은 아니라고 믿으면서 말이야. '삶이 네게 레몬을 주면 레모네이드를 만들어라'라는 서양 속담이 있듯, 찰리는 끝까지 '착하게' 사는 걸 선택해. 하지만 〈조커〉의 아서는 달랐어.

"착하게 사는 것은 높은 계단을 오르는 것과 같지만 포기하고 내려갈 때는 너무나도 빠르고 즐겁다."

이 영화의 명장면 중 하나가 조커가 계단을 내려오는 장면이야. 밑에서 위로 올려다본 계단은 보는 것만으로도 힘이 빠질 정도로 한없이 가파르고 높아. 절망에 맞서 보려고 노력하던 시절의 아서는 바지가 펄럭거릴 정도로 마른 다리와 구부정한 어깨를 하고 그 계단을 힘들게 한 걸음 한 걸음 올라갔어. 그런데 내려오는 길은 달랐어. 너무나 쉬웠지. 힘든 현실을 꾸역꾸역 참아 가며 열심히 살아 보려고 했을 때는 더없이 고되기만 했는데 평범하게 살아가는 희망 따위 다 내다 버리고 나니까 더없이 흥이 나는 거야. 그렇게 아서는 '조커'가 돼. 끝없이 절망만을 안겨 주는 현실을 지키는 쪽보다 부숴 버리는 쪽을 선택한 거지. 그쪽이 계단을 내려오는 것처럼 훨씬 쉽고 짜릿하니까.

"내 인생이 비극인 줄 알았는데 코미디였어."

〈모던 타임즈〉를 만든 배우이자 감독인 찰리 채플린도 이와 비슷한 말을 했어. "삶은 가까이서 보면 비극, 멀리서 보면 희극이다." 그런데 이 두 말은 그 의미가 서로 달라. 조커는 아슬아슬하게 버티고 있는 자신의 비극 같은 삶을 남들은 하찮은 코미디 취급을 하며 조롱을 하는 것에 분노하는 반면 찰리 채플린은 삶은 누구에게나 힘겨운 거라는 얘기를 하고 있는 거야. 사람들은 자신의 삶은 비극, 남들의 삶은 희극이라고 생각하고 부러워하는 경향이 있어. 그런데 그건 내가 남들의 삶을 한 발자국 떨어져서 보고 있기 때문인 거야. 좋은 것만 보이는 거지. 그러니 자신의 삶도 너무 그렇게 집중해서 비극만 보려고 하지 말고 한 발자국 떨어져서 볼 수 있어야 해. 불우한 어린 시절을 보냈다고 다 범죄자가 되는 건 아니잖아. 공부를 못했다고 해서 다 인생 낙오자가 되는 것도 아니야. 절망에 대처하는 각자의 자세가 어떤 삶을 사느냐를 결정하는 건 아서와 찰리가 잘 보여 주지.

〈모던 타임즈〉의 마지막에서 찰리와 소녀는 겨우 취직한 식당까지 쫓아온 경찰 때문에 또 도망을 쳐야 했어. 절망에 빠진 소녀가 찰리를 바라보지. 이 영화는 무성영화인데도 여기에서 두 개의 대사가 자막으로 나와.

(소녀) "살려고 노력해 봐야 무슨 소용이죠?"

（찰리）"힘내요! 죽는단 말은 하지 말아요. 우린 버틸 거예요!"

그리고 찰리는 손가락으로 자신의 얼굴 위에 커다랗게 웃는 입을 그려 보여. 조커는 직접 자신의 입술 위에 빨갛게 웃는 입을 그려 넣지. 그렇지만 이 두 개가 과연 같은 '스마일'일까? 찰리와 소녀는 다시 한번 힘을 내서 나란히 빛나는 거리를 걸어갔지만, 조커는 화염병으로 불타는 거리 한복판에서 시위대들에 둘러싸인 채 미치광이처럼 웃고 있었어.

4장

친구가 필요할 때
이 영화를 봐

다이아몬드보다 손때 묻은
사기그릇 같은 우정

● <우아한 거짓말>, <우리들> ●

'여름방학도 얼마 안 남았네. 별로 한 게 없는 것 같은데 시간이 언제 이렇게 가 버렸담……'

생각에 잠긴 채 화장실로 향하던 준희의 눈에 가방을 둘러맨 채로 화장실로 막 들어가려는 현서가 보였다. 옆에 누군가 같이 있었는데 한창 재미있는 얘기라도 하던 중이었는지 현서는 상대방의 어깨를 탁탁 치며 특유의 깔깔거리는 소리로 웃고 있었다.

'엥? 누구지?'

학원 선생님이 수업을 마치자마자 "나 약속 있어. 먼저 간다!"라고 하면서 쌩- 뛰쳐나간 걸 본 게 방금 전이었다. 그때 화장실 문이 열리면서 현서와 함께 있는 아이의 얼굴이 보였다. 지수였다. 은빈이만큼은 아니지만 하얀 피부에 웃을 때마다 반달처럼 가늘어지는 눈매가 귀엽다는 소리를 자주 듣는 아이였다. 그렇지만 은빈이 패거리답게 성격은 귀여운 것과는 거리가 멀어서 은빈이가 누군가에게 시비를 걸거나 못살게 굴 때 그 옆에서 빠지지 않고 거들고 나서는 은빈이의 오른팔이 지수다. 반달 눈웃음은 선생님이나 다른 어른들 전용이고, 애들 앞에서는 샐쭉하게 옆으로 뜬 뱁새눈으로 상처가 될 만한 말을 잘도 골라서 하는지라 준희한테는 은빈이만큼이나 거슬리는 아이다.

'그런데 어째서 현서가 그 지수랑 같이 있는 거지?'

"안녕하세요, 언니……."

준희는 질질 끄는 걸음으로 편의점 안으로 들어섰다. 그리고 창가 테이블 앞에 털썩 주저앉았다.

"또, 또 왜 나라 잃은 표정을 짓고 그러실까?"

언니가 준희를 쳐다보더니 다가오며 호들갑스럽게 말했다.

"어디서 또 안 좋은 이야기라도 들은 거야?"

"아니요……."

테이블 위로 음료수 두 개가 놓였다. 준희는 그중 복숭아맛을 골라 들며 현서를 떠올렸다. 처음 같은 반에서 만나 친구가 된 게 초등학교 2학년 때였다. 소심한 성격의 준희와는 달리 할 말은 야무지게 다 하는 복숭아처럼 볼이 통통한 아이였다.

"언니, 현서라고 알죠? 제 친구요……."

준희는 막상 현서의 이름을 입에 올리고 나자 얘기를 꺼내기가 망설여졌다. 그러고 보니 전후사정이라고 할 만한 것이 없지 않은가 말이다. '현서가 지수랑 친한 줄 몰랐는데 친한 것 같아서 기분이 나빴다'가 얘기의 전부라고 생각하니 제 귀에도 영 속 좁은 소리로 들리는 것이다.

"싸웠어?"

'에라, 모르겠다.'

"아니요."

준희는 마녀 언니에게 제가 본 것을 털어놓았다. 본 게 전부이니 몇 문장도 걸리지 않았다.

"그게 다야?"

마녀 언니가 물었다. 준희는 뜻을 모르겠다는 표정으로 마녀 언니를 쳐다보았다.

"본 거 말고. 본론을 말해 봐."

준희는 피식, 하고 웃었다. '마녀 맞네.'

"언니는 진짜 못 당하겠네요. 사실 현서한테 은빈이네 욕한 게 한 두 번이 아니거든요. 현서랑 같이 흉본 적도 많아요. 근데 현서가 그 지수랑 웃으면서 얘기하는 걸 눈앞에서 딱 보니까, 어떻게 이럴 수가 있지 싶은 거예요. 수업 끝나자마자 갈 데 있다고 눈썹이 휘날리게 뛰어나가더니 거기서 걔랑……."

"배신감 느꼈구나?"

마녀 언니가 준희를 흘끔 쳐다보며 말했다. 마치 젓가락으로 목구멍 속에 박혀 있던 것을 콕 끄집어낸 것 같은 언니의 말에 준희는 뜨끔한 표정을 지었다.

"제가 오버하는 건가요? 사실 제가 생각해도 좀 그래요. 현서한테 뭐라고 하기도 웃긴 거 같고. 그런데 현서한테도 하고 싶은 말을 제대로 하지 못한다고 생각하니까 진짜 제가 등신 같기도 하고……."

준희의 시무룩한 얼굴을 보며 마녀 언니가 말했다.

"생각나는 대로 아무 말이나 막 하는 건 옳은 게 아니지. 아무리 가까운 사이라도 말이야. 진정한 친구란 삶에 아주 큰 의미를 갖는 존재야. 가족은 내가 선택할 수 없는 운명이지만 친구는 내가 선택할 수 있고 때로 가족보다도 더 가까운 사람이기에 진정한 친구를 사귄다는 건 참 어려운 일이지."

우아한 거짓말

(2014)

감독: 이한   **상영 시간:** 117분

출연 배우: 김희애(현숙), 고아성(만지), 김유정(화연), 김향기(천지)

줄거리 요약: 마트에서 일하며 생계를 책임지고 있는 씩씩한 현숙에게는 시크하고 쿨한 첫째 딸 만지와 밝고 웃음이 많은 둘째 딸 천지가 있다. 그런데 어느 날 갑자기 천지가 스스로 목숨을 끊는 일이 벌어진다. 하루아침에 딸을 잃은 현숙과 동생을 잃은 만지는 달라진 일상에 적응하기 위해 노력한다. 그러다가 우연히 천지의 친구들을 만난 만지는 가족들에게 말하지 못했던 동생의 비밀과 그 중심에 화연이라는 친구가 있음을 알게 되는데……

우리들

(2016)

감독: 윤가은   **상영 시간:** 94분

출연 배우: 최수인(선), 설혜인(지아), 이서연(보라)

줄거리 요약: 반에서 따돌림을 당하는 외톨이 선은 방학식 날 홀로 교실에 남아 있다가 전학생인 지아를 만난다. 서로의 비밀을 나누며 순식간에 친해진 둘은 신나는 여름방학을 함께 보내지만 개학 후 학교에서 만난 둘 사이는 어쩐지 예전 같지가 않다. 지아가 선을 따돌리는 데 앞장서는 보라와 친해지면서 선을 외면하기 시작한 것이다. 선은 지아와의 관계를 회복하려고 노력하기 시작하는데…….

이 영화는 지난번 너희 아파트 옥상에서 있었던 사건도 있고 그래서 고민이 됐는데 그래도 한번 보는 게 좋겠어. 〈우아한 거짓말〉이라는 영화인데 나는 보면서 주인공한테 감정 이입이 팍팍 됐거든. 주인공과 내가 다른 점이라면 나는 이렇게 잘 살고 있고 주인공은 제삿밥을 얻어먹는 입장이 됐다는 거?

　〈우아한 거짓말〉의 주인공 천지는 너무나 밝고 착하고 예의 바른 아이였는데 어느 날 갑자기 자살을 하고 말아. 아무도 그 이유를 알지 못했지. 천지의 언니 만지는 동생이 죽고 나서 우연히 동생의 사물함에 몰래 체육복을 갖다 놓는 아이를 보게 돼. 석 달 전에 빌린 체육복이었다고 하는데, 그럼 그동안 천지는 체육시간에 뭘 입었을까? 만지가 따지자 아이는 미안해하는 기색은커녕 "필요하면 와서 말을 해야지……. 왜 죽어 가지고……"라며 구시렁거려. 그리고 그 아이의 입에서 천지와 단짝 친구였다는 화연의 이름을 듣게 되지. 그때부터 가족들이 그동안 전혀 몰랐던 천지의 비밀들이 하나씩 밝혀져.

　평소 뜨개질이 취미였던 천지가 쓰던 빨간 털실 속에서 유언이 적힌 작은 종이들을 발견하며 그제야 가족들은 천지가 왕따였다는 걸 알게 돼. 정확히는 왕따가 아니라 '은따'였지. 은근한 왕따 말이야. 반 아이들이 천지를 대놓고 왕따를 시킨 건 아니었지만 항상 자기들은 '우리'였고 천지는 '애'였어. 그중에서도 화연은 유일하게 천지와 놀아 주는 친구인 척하면서 천지를 은따시키는 데 앞장을 서는 애였어. 천지한테만 자기 생일파티 시간을 1시간 뒤로 알려 주고는 천지가 혼자 밥을 먹게 만들고, 단톡방을 만들어 천지가 있는 데서 자기들끼리만 티가 나게 메시지를 주고받으면서 천지 흉을 보는 식이야. 천지는 그걸 다 알고 있었어. 그래서 학교 수행평가에서 이런 발표를 해.

> "사람들은 베이스를 배경으로 깔고 포인트를 집어넣어 말합니다. 예를 들어, 쟤는 공부를 잘하지만 알고 보면 멍청하다. 여기서 베이스는 공부를 '잘한다', 포인트는 '멍청하다'입니다. 조잡한 말이 사람을 죽일 수도 있습니다. 당신은 혹시 예비 살인자가 아닙니까?"

세상에는 남의 마음에 일부러 상처를 내려고 잔인한 말을 골라서 하는 나쁜 사람들도 있지만, 일부러 그러려고 하는 건 아니지만 깊이 생각하지 않고 되는 대로 말을 툭 던져서 듣는 사람의 마음에 상처를 내는 사람들도 아주 많아. 가족 사이에도 이런 일은 늘 있지. 만지는 이사를 하고 나서 엄마에게 "그동안 집도 하나 못 사고 뭐 했느냐"라고 툴툴거려. 그러자 엄마는 나중에 만지에게 이렇게 말해.

"말로 비수 푹 꽂아 놓고, '아니야? 그럼 말고.' 그거 사람 잡는 거야. 너는 취소했다고 하면 끝이겠지만 비수 뽑은 자리에 남은 상처는 어떻게 할래?"

남편 없이 혼자 힘으로 두 딸을 키운 엄마 현숙의 삶은 참 고단했을 거야. 그렇지 않아도 어린 딸을 잃고 마음도 아픈데 하나 남은 딸이 자신의 지나온 삶까지 싸잡아 그런 소리를 하니 속이 상할 만하지. 그런데 만지가 일부러 그랬을까? 만지는 그렇게 못된 아이가 아니야. 이런 실수는 누구나 할 수 있어. 천지가 만지에게 친구의 일이라며 슬쩍 자신의 얘기를 했을 때 만지는 "그런 친구랑 놀지 마"라고 무심하게 대답해. 천지가 "그럼 나는 누구랑 놀아?"라고 쓸쓸하게 되물었지만 만지는 몰랐어. 천지가 왜 그러는지 말이야. 원래 친구가 있는 애들은, 그런 거 잘 모르거든. 왕따를 당해 본 적이 없잖아. 부모님이 친구 때문에 속상하다고 하면 아무 일 아니라는 듯이 "그런 애랑 친구 안 하면 되잖아"라고 쉽게 말하는 것도 그래서 그래. 이해를 못 하는 거지.

영화 〈우리들〉에서 선도 동생이 친구랑 싸우고 들어온 걸 보고 왜 맞고 다니느냐고, 그럼 너도 때리라고 말해. 그러자 동생이 이렇게 대답해.

"그럼 언제 놀아? 친구가 때리고, 나도 때리고, 친구가 때리고……
나는 그냥 놀고 싶은데!"

선도 사실은 학교에서 왕따였어. 체육 시간에 피구 팀을 나눌 때
맨 마지막까지 선택받지 못하고 혼자 남는 아이였지. 〈우아한 거짓
말〉의 천지처럼 늘 '우리들'에 끼지 못하는 '재'였어. 여름방학식이
있던 날 아이들은 다 집에 가고 왕따인 선만 혼자 교실에 남아 청소
를 하는데 우연히 전학생 지아를 만나게 돼. 그리고 여름방학을 함
께 보내면서 선과 지아는 서로 비밀을 터놓는 친구가 돼. 방학이 끝
나 갈 즈음, 지아가 학원에 다니기 시작하면서 문제가 시작돼. 선을
괴롭히는 보라와 지아가 친해지거든. 선이 왕따라는 걸 알게 된 거
야. 그리고 개학을 하자 지아는 자기도 선처럼 왕따가 될까 봐 선을
멀리하기 시작해. 학생 때는 친구가 세상의 반이지. 함께 공부하고
함께 놀고 함께 이야기하고. 친구가 없으면 그걸 다 혼자 해야 하니
까 친구가 어떻게든 나를 좋아하게 만들려고 노력을 해. 그리고 내
가 단짝이라고 생각한 친구의 행동 하나, 말 한마디는 나에게 아주
큰 의미를 갖지.

다시 외톨이가 된 선은 너무나 슬프고 속상해서 지아의 마음을

돌려 보고자 자신이 잘못한 게 있느냐고 묻고, 다시 친구가 되자고 달래 보기도 해. 그런데 말이야, 내가 노력으로 바꿀 수 있는 건 나 자신뿐이야. 때로는 그것도 마음대로 안 될 때가 있잖아. 하물며 다른 사람의 마음 같은 게 내 뜻대로 될 리가 없지. 〈우리들〉이라는 제목처럼 사람들은 '우리 편'을 만드는 걸 좋아해. 같은 아파트에 살아서, 옆자리에 앉아서, 같은 연예인을 좋아해서, 같은 아이를 싫어해서, 누구를 흉보다가 등 여러 이유지. 넌 현서랑 어쩌다 '우리 편'으로 친해졌는지 기억해? 우리 편이 되는 이유는 가지가지야. 그렇게 나에게 특별한 존재가 된 친구와 변치 않는 우정을 맹세하곤 하지만 현실의 우정이란 그렇게 영원히 깨지지 않는 다이아몬드 같은 게 아니야. 어쩌다 같은 편이 된 것처럼 어쩌다 사소하고 말도 안 되는 이유나 오해로 다른 편으로 갈라지기도 해. 질투나 배신이 끼어들 때도 있지.

〈우아한 거짓말〉에서 천지의 편을 들며 화연에게 대신 화를 내 주던 미라라는 아이가 있었어. 그런데 자기 아빠가 천지의 엄마를 좋아하는 걸 알게 되자 화가 나서 천지에게 막말을 하고 사이가 멀어져. 그런 미라에게 천지는 이런 유언을 남겼어.

"알아도 가슴에 담아 둘 수는 없었을까? 가끔은 네 입에서 나온 소리가 내 가슴에 너무 깊이 꽂혔어."

미라가 천지한테 화연이 흉을 보면서 이렇게 말했거든. "걔는 누구 하나 죽어야 정신 차릴 애야. 네가 한 발표 따위로는 눈도 깜짝 안 할걸." 아무 생각 없이 말이야. 그런데 천지가 진짜로 죽은 거지. 그러고 나서는 만지에게 그래도 자기가 천지에게 제일 잘해 줬던 친구라고 변명을 해. 그런 미라에게 만지는 이렇게 말하며 돌아서.

"천지는 멍청한 게 아니라 착한 거야. 착한 애는 가만히 놔두면 되는데 꼭 가지고 놀려는 것들이 생겨서 문제지. 자기 맘에 들면 착한 거고 안 들면 멍청한 건가?"

바로 이거야. 내 마음에 들면 '우리 편', 내 마음에 들지 않으면 '다른 편'. 그렇지만 진짜 우정은 그렇게 가르는 게 아니야. 프린스턴대학교 철학과의 알렉산더 네하마스Alexander Nehamas 교수는 "우정은 우리가 다른 사람이 아닌 바로 우리 자신이 되는 데 결정적인 역할을 하는 것이다"라고 했어. 〈우아한 거짓말〉의 천지는 자기가 상처를 받았다고 해서 그것을 상처로 되갚는 짓은 하지 않았어. 천지는 착한 아이니까. 〈우리들〉의 선도 피구 경기를 하다가 보라 때문에 왕따를 당하기 시작한 지아가 곤란한 상황에 놓이자 지아의 편을 들어

줘. 자신에게 상처를 준 지아였지만, 그래도 옳은 일을 선택한 거야.

우정은 그저 즐겁고 재미있는 시간을 함께 보내는 것만이 전부가 아니야. 오랜 시간 서로 알고 지내면서 오해도 하고, 갈등도 겪고, 상처를 주기도 하고, 그러다 돌아서기도 하고, 또다시 만나면서 오랜 시간 기억을 함께 쌓아 올리는 거야. 그러니까 진짜 우정이란 영원히 반짝반짝 빛나는 다이아몬드가 아니라 이도 좀 나가고 금도 좀 가고 그러면서도 쓸 만한 사기그릇 같은 거라고나 할까. 손때 묻은 편안한 사기그릇은 함부로 버리지 못하거든. 〈우리들〉의 선과 지아는 앞으로 그런 친구가 될 기회가 있겠지만 천지는 그 기회를 스스로 저버렸지. 그렇지만 마지막으로 아이들에게 이런 말을 남겼어.

"잘 지내고 있지? 지나고 보니 아무것도 아니지? 고마워, 잘 견뎌 줘서."

나는 내가 잘 견뎌 냈다고 생각해. 지나고 보니 아무것도 아니었던 건 아니지만 말이야. 내 흉터가 만들어 낸 소문들, 나에 대한 편견들, 나랑 친했다가 멀어진 친구들, 배신감, 부모님에 대한 불만. 모두 그때 그 순간에는 죽을 만큼 힘들었으니까. 그런데 시간이 흐를수록 나는 친구를 사귀기 위해 내가 아닌 척하는 대신 그냥 나답게 살기로 했던 것 같아. 혼자라는 건 내가 어떻게 할 수 없었어. 안타깝지만 그래서 지금도 연락하고 만나는 중고등학교 시절의 친구가 하나도 없지.

지금의 네 마음을 어떻게 풀어야 할지는 차근차근 생각해 봐. 넌 스스로 소심하다고 생각하지만 소심한 게 아니라 조심성과 생각이 많은 거지. 혹시 알아? 이번 일이 현서랑 너를 진짜 속마음을 터놓는 친구 사이로 만들어 줄지? 그렇지만 혹시라도 일이 꼬여서 그 반대의 상황이 벌어진다고 해도 너무 자신을 탓하거나 속상해하지는 마. 너희들 둘이 오래된 사기그릇처럼 이어질 우정이라면 살짝 금은 가더라도 절대 깨지지는 않을 거야.

반짝이는 사람을 발견하려면
먼저 손을 내밀어

● <포레스트 검프>, <플립> ●

'우앗! 태훈 오빠다……'

어깨에 멘 가방끈을 바짝 당기며 막 발걸음에 스피드를 올리려던 찰나 바로 앞에서 걸어가고 있는 한 무리의 남학생들이 눈에 들어왔다. 그중에서도 친구와 얘기에 열중하고 있는 태훈의 옆모습이 준희의 레이더에 딱 걸려 들었다. 혼자 무리들 머리 위로 툭 솟아 있을 정도로 키가 큰 데다 웃을 때마다 커튼이 걷히는 것처럼 어금니까지 가지런하게 내달리는 하얀 이가 눈에 띄지 않을 수가 없을 만큼 멋지다.

"쿵- 쿵- 쿵- 쿵-"

준희는 문득 자신의 심장 뛰는 소리가 태훈의 귀에까지 들릴지도 모른다는 생각에 귀밑이 훅 달아올랐다. 그때 뒤에서 누군가 가방을 홱 잡아당기는 바람에 준희는 깜짝 놀라 소리를 지를 뻔했다. 현서였다.

"먼저 나간다고 튀어 나가더니 고작 여기까지 온 거야? 기어 왔냐?"

그날 마녀 언니에게 현서 이야기를 하고 나서 아직까지 현서에게 아무런 얘기도 하지 못했다. 소용돌이쳤던 머릿속은 어느 정도 잠잠해졌지만 서운했던 마음의 앙금이 완전히 사라진 건 아니었다. 그런데 평소처럼 자신을 보며 깔깔 웃는 현서의 얼굴을 보고 준희는 뭔가 결심한 듯 현서의 팔을 잡아끌고 학원 밖으로 나섰다. 건물 옆으로 나 있는 좁은 통로 근처에 멈춰 서서 준희는 심호흡을 했다.

"뭐야? 뭐 심각한 얘기라도 할라고? 뭔 일인데?"

현서가 슬며시 웃음기를 거둔 채 준희의 얼굴을 살폈다. 준희는 최대한 담담하게 그날의 이야기를 꺼냈다. 이렇게 묻는 건 따지려는 게 아니라 그냥 궁금해서 그러는 거라며 좀 섭섭한 마음이 들었던 건 사실이라고도 솔직하게 털어놓았다. 그렇지만 혹시라도 지수랑 친한 사이라면 그걸 가지고 뭐라고 하려는 건 아니라는 말로 오해를 사고 싶지 않은 걱정과 뭐가 어찌 됐든 나에게는 현서 네가 제일 소중한 친구라는 말로 조금 낯간지러운 진심도 덧붙였다. 현서는 입술을 조그맣게 오므린 채 콧구멍을 벌름거리며 준희의 말을 가만히 들고만 있더니 준희가 말을 마치자 심드렁한 목소리로 대답했다.

"하아, 난 또 뭐라고. 친하기는 개뿔. 넌 알면서 그런 소리가 나와? 그날은 그냥 화장실 앞에서 마주친 게 다라고요. 걔네 언니랑 우리 언니랑 서로 아는 사이래서 언니들 얘기 잠깐 한 거였어. 야, 쭌! 오버 좀 하지 마. 너답잖게 으슥한데 끌고 오고 그래서 나 쫄았잖아!"

그러니까 이 아무것도 아닌 일로 제일 친한 친구와 싸우고 질투와 눈물, 잠 못 드는 밤으로 이루어진 드라마를 쓸 뻔했다는 데 생각이 미치자 준희는 가슴을 쓸어내리지 않을 수 없었다.

"헤헤, 그러게. 어, 참! 아…… 나 아까 태훈 오빠 봤는데! 너 때문에 놓쳤잖아!"

"얼씨구. 제일 소중한 친구가 쫄았다는데 남자 얘기가 입에서 나오지?"

준희는 현서를 보며 씨익 웃었다.

"야, 쭌! 너 눈빛이 왜 그래? 왜 자꾸 시선이 아스라이 먼 데로 가고 막 그러지? 뭔 생각을 하는 거야?"

준희는 편의점 지정석인 테이블에 앉아 자기도 모르게 멍하니 창밖을 쳐다보고 있다가 마녀 언니의 목소리에 화들짝 놀랐다. 순간

속을 환히 들킨 것 같아 허둥지둥하는데 대꾸를 할 말이 얼른 떠오르지 않는 거다.

"수상해, 수상해. 뭐야? 냄새가 나는데?"

준희는 킥킥거리며 웃는 마녀 언니를 보며 적당히 얼버무릴 생각이 달아났다.

"어휴, 진짜 못 말려. 뭐 대단한 건 아니고요, 같은 학원에 다니는 오빠들 중 좀 마음에 드는 오빠가 한 명 있거든요. 오늘 수업 끝나고 나오는데 현관 쪽에 있더라고요. 근데 현서 때문에 잠깐밖에 못 봤지 뭐예요. 흔한 기회가 아닌데 아까비……."

"오오오! 그러니까 뭐야, 짝사랑 중이시다? 우와, 이거 대박 뉴스인데! 우리 쭌의 마음을 훔쳐 간 그놈은 어떤 놈이야?"

마녀 언니의 눈이 짓궂은 장난기로 반짝거렸다.

"아이 참, 놈이 뭐예요. 놈이! 님이면 몰라도. 태훈 오빠는요……. 뭐랄까 완벽 그 자체? 키 크지, 잘생겼지, 공부 잘하지, 운동도 잘하지 게다가 얼굴 천재예요. 웃을 땐 진짜 대박! 옆에서 누가 조명이라도 확 켠 것처럼 주변이 환해진다니까요."

준희는 그동안 한 번도 다른 사람 앞에서, 심지어 현서 앞에서도 해 본 적이 없는 태훈 오빠의 얘기를 마녀 언니 앞에서 하고 있다는 게 믿기지가 않았다. 그런데 직접 제 입으로 속으로 생각만 하던 얘기를 하고 있자니 이상하게 혼자 상상의 나래를 펼칠 때보다 마음이 더 간질간질하고 설렜다.

"얘 좀 봐. 눈에서 하트가 아주 줄줄 흐른다, 흘러. 그래서 말은 걸어 봤어?"

마녀 언니가 호기심에 찬 표정으로 물었다. 그러자 한껏 올라갔던 준희의 입꼬리가 금세 밑으로 처졌다.

"휴…… 아니요. 이래저래 그건 네버, 불가능이에요."

"아니, 왜?"

준희가 손사래를 치며 말했다.

"하필이면 우리 오빠 친구가 태훈 오빠의 형이에요. 전에 집 근처에서 지나가다 오빠랑 있는 걸 몇 번 본 적도 있어요. 그 오빠가 자기 동생 얘기를 해서 태훈 오빠가 누군지도 알게 된 거거든요. 근데 제가 고백이라도 해 봐요. 그럼 태훈 오빠의 형도 알게 될 거고 그럼 자동으로 오빠도 알게 될 거예요. 우리 오빠는 입이 깃털이에요. 그러니 엄마 아빠한테 곧장 이르겠죠. 그럼…… 어우, 생각만 해도 소름."

부르르 몸서리를 치는 시늉을 하는 준희를 보며 마녀 언니가 물었다.

"뭐야, 그럼 그 오빠는 그냥 관상용 금붕어인 거야? 진짜 꿈속의 왕자님이 될 만한 사람인지 아닌지 영원히 모르고 그냥 보기만 하다 끝날 텐데? 뭔 첫사랑이 그래."

포레스트 검프
(Forrest Gump, 1994)

감독: 로버트 저메키스　　**상영 시간:** 142분

출연 배우: 톰 행크스(포레스트 검프), 로빈 라이트(제니), 게리 시나이즈(댄 테일러), 샐리 필드(검프 부인)

줄거리 요약: IQ 75에 다리까지 불편한 포레스트는 늘 다른 친구들의 놀림감이 되기 일쑤다. 그러나 스쿨버스 안에서 다정한 첫사랑 제니를 만나는 좋은 일도 있었다. 어느 날, 포레스트는 괴롭히는 친구들로부터 달아나다 달리기에 재능이 있음을 발견하게 된다. 이를 계기로 미식축구 선수로 활약하며 장학생으로 대학에 진학을 한다. 이후 포레스트는 군인이 되어 전쟁에 참전해 무공훈장을 받고, 사업으로 예상치 못한 성공을 거두는 등 예측할 수 없는 삶을 일구어 나간다. 하지만 여전히 그의 마음속에는 오직 제니뿐인데…….

플립

(Flipped, 2010)

감독: 로브 라이너   **상영 시간:** 90분

출연 배우: 매들린 캐롤(줄리 베이커), 캘런 맥오리피(브라이스 로스키), 안소니 에드워즈(스티븐 로스키), 존 마호니(쳇 던컨)

줄거리 요약: 일곱 살 줄리는 옆집에 새로 이사를 온 브라이스의 잘생긴 얼굴을 보고 첫눈에 반한다. 솔직하고 용감한 줄리는 자신의 마음을 적극적으로 표현하지만 브라이스는 그런 줄리가 영 부담스럽기만 하다. 그래서 줄리를 요리조리 피해 다니기를 6년이 된 어느날, 브라이스는 줄리에게 받은 달걀을 쓰레기통에 버리다가 들키고 만다. 화가 난 줄리는 그날부터 브라이스를 멀리하기 시작한다. 귀찮았던 줄리가 막상 사라지고 나자 브라이스는 그때부터 줄리가 신경이 쓰이기 시작하는데…….

〈플립〉의 줄리는 옆집에 새로 이사 온 브라이스를 처음 본 순간을 이렇게 기억해. "브라이스 로스키를 처음 본 날 숨이 막혔다. 그의 그윽한 눈 때문이었다." 일곱 살의 나이에 심장이 멎을 것 같은 첫사랑이 시작된 거야. 하지만 완벽한 짝사랑이었지. 더 큰 비극은 본인은 짝사랑이라는 걸 전혀 몰랐다는 거야. 줄리와 브라이스는 옆집에 살고 같은 학교를 다니며 같은 공간과 시간을 공유하지만 그 순간에 대한 해석은 서로 판이하게 달랐어. 줄리는 브라이스가 너무 수줍음이 많아서 자기에게 속마음을 보이지 못하고 있는 거라고 믿은 거야. 그래서 자기가 적극적으로 나서서 감정을 표현한 거였는데, 브라이스의 눈에 줄리는 처음부터 '눈치 없이 매달리는 애'였던 거야. 그래서 오직 줄리를 떼어 놓을 궁리만 하고 있었지. 어느 날 줄리의 아빠가 줄리에게 브라이스와 어떤 사이냐고 물어. 매일 그 아이 얘기를 한다면서 말이지. 줄리는 자기도 이유를 잘 모르겠지만 "그 애의 눈 때문인 것 같아요. 미소도 예쁘고요"라고 대답해. 그러자 아빠는 줄리를 쳐다보며 이렇게 말해.

"풍경 전체를 봐야지. 그림은 그저 풍경을 모아 놓은 게 아니야. 소는 그 자체로 소잖아. 초원은 그 자체로 잔디와 꽃이지. 나뭇가지 사이로 비치는 햇살은 그저 빛줄기일 뿐이고. 하지만 모든 게 한데 어우러지면 마법이 된단다.”

눈에 콩깍지가 씌면 보이는 게 없어지지. 누구나 다 그래. 초원이 푸르다고, 수많은 나무들 중 하나가 유난히 근사하게 생겼다고 풍경 전체가 아름답다고 말할 수는 없는 건데 그 하나의 아름다움에 눈이 멀게 되면 마음이 전체를 보려는 눈을 가리게 되는 거야. 브라이스의 할아버지는 할머니가 돌아가신 뒤 브라이스의 집에서 함께 살게 되었는데, 정작 당신의 손자보다 줄리와 먼저 친해져. 그러다 줄리의 아빠가 해 주었다는 이 풍경 이야기를 듣고, 부분이 모여 더 나은 전체가 된다는 건 사람도 마찬가지라고 말해. 그리고 어떤 사람들은 부분보다 전체가 더 못하다는 말을 덧붙이지. 그때부터 줄리는 주변 사람들을 보면서 부분만 예쁜 사람인지 아닌지 제대로 보려고 노력해. 그런데 브라이스는 도통 어떤 사람인지 알 수가 없는 거야. 그동안 자신이 애써 선물한 신선한 달걀을 브라이스가 그걸 매번 쓰레기통에 버렸다는 것을 알게 되었을 때도 화가 나지만 브라이스에 대해 평가를 내리는 걸 주저해. 첫사랑이니까. 오랫동안 간직해 온 좋아하는 마음을 콩깍지 정도가 아니라 강철판으로 용접을 해 놓은 거지. 그렇지만 그것도 오래가지는 못했어.

"나는 브라이스의 전체가 부분보다 낫기를 바랐던 것일지도 모른다. 그의 매혹적이 눈을 들여다보며 나는 처음으로 깨달았다. 브라이스 로스키가 부족한 존재라는 것을."

그때까지도 브라이스는 자신에게 어떤 일이 닥칠지 전혀 알지 못했어. 브라이스와 산책을 하던 할아버지는 줄리가 대단한 아이라고 하면서 브라이스에게 이런 말을 해.

"모든 사람은 일생에 한 번, 무지개 빛깔의 사람을 만나게 된단다. 그리고 네가 그 사람을 만나게 되면 아무것도 비교할 수가 없단다."

사실 줄리는 브라이스에게 무지개는커녕 형광등만큼도 빛나는 사람인 적이 한 번도 없었어. 하지만 여기 할아버지처럼 첫눈에 그 무지개 빛깔의 사람을 알아본 이가 있었지. 바로 〈포레스트 검프〉의 포레스트 검프야.

또래보다 조금 떨어지는 지능과 불편한 다리로 인해 긴 철심으로 고정시킨 보조 기구를 찬 아이 포레스트는 헌신적인 엄마 덕분에 학교에 입학을 하는데 성공해. 그렇지만 첫 등교날부터 어려움을 마주해. 스쿨버스에 올라타자 좀 모자라 보이는 포레스트에게 아무도 자리를 내주려고 하지 않았어. 그때 포레스트에게 옆에 앉으라고 먼저 손을 내밀어 준 사람이 있었는데, 바로 제니였어. 포레스트는 '평생 그렇게 예쁜 아이는 본 적이 없었다'라고 생각했지만 사실 포레스트는 제니가 예뻐서 한눈에 반한 것이 아니었어. 함께 놀기는커녕 놀리기에 바쁜 아이들 사이, 포레스트와 나란히 노을을 보고, 책을 읽고, 등굣길을 함께하며 늘 곁을 지켜 주던 사람이 제니였어. 포레스트에게는 제니가 전부가 된 거지. 사실 제니는 포레스트보다 더 불행한 아이였어. 포레스트에게는 아들을 위해서라면 무슨 일이든 할 수 있는 엄마가 있었지만 제니는 어린 딸을 방치하고 학대를 일삼는 아빠밖에 없었거든. 아빠가 경찰서에 잡혀가고 나서도 그동안 제니가 입은 마음의 상처는 그 후로도 아주 오랫동안 제니의 삶을 서서히 갉아먹는 벌레가 되고 말지.

무지갯빛 제니를 만난 후부터 포레스트의 마음속에는 오로지 제니뿐이었어. 제니가 포레스트를 있는 그대로 받아들이고 친구가 되었듯, 포레스트 역시 제니의 상처와 방황을 그대로 받아들였지. 부분으로만 보면 포레스트는 예쁜 데보다 못난 데가 더 많아. 그렇지만 그것들이 모여서 풍경을 이룬 전체는 그보다 훨씬 괜찮았지. 포레스트는 우연히 발견한 달리기 재능으로 미식축구 선수가 되고, 군인이 되어 베트남전에 참전했다가 전우를 구해서 훈장을 받기도 하고, 새우잡이 사업을 해서 큰돈을 벌기도 해. 그렇다고 포레스트가 성공을 위해 살았던 건 아니야. 그저 매 순간에 자신이 할 수 있는 일을 최선을 다해서 열심히 한 것뿐이었어. 달려야 할 때는 달리기에 집중하고, 군인일 때는 명령을 수행하는 데 집중하고, 새우잡이는 약속을 지키기 위해서 열심히 한 거였지. 포레스트가 입대하는 날에도 어렸을 때처럼 그 누구도 포레스트에게 옆자리를 내주지 않았어. 하지만 그는 상처를 받지 않았어. 그의 가슴 안에는 늘 품고 있었던 엄마의 유언이 있었기 때문이야.

"두려워하지 마. 죽음도 인생의 일부란다. 인생은 한 상자의 초콜릿 같단다. 어느 것이 나올지 몰라. 신이 주신 능력으로 최선을 다해야 해?"

대학생이 되고 나서 제니가 포레스트에게 나중에 뭐가 되고 싶은지 생각해 본 적이 있느냐고 물은 적이 있어. 그때 포레스트는 의외라는 듯이 "뭐가 되고 싶냐고?"라고 되물어. 그리고 뭐라고 말했는지 알아?

"나는 내가 되는 거 아냐?"

그렇지, 그 '무엇'이 되기 전에 나는 먼저 '나'가 되어야지. 그건 변해서는 안 되는 거지. 그런데 그게 변해 가는 걸 내버려 두면서 우리는 자꾸 '무엇'이 되는 데에만 집중하면서 살아. 이후 제니는 가수가 되고 싶은 꿈을 이루겠다며 포레스트를 떠나. 그리고 포레스트는 군인이 되어 베트남전에 참전을 해. 그러다가 우연히 잡지에서 제니의 사진을 발견한 포레스트는 수소문 끝에 어렵게 그녀를 찾아가지만 제니는 정식 가수로 데뷔를 한 게 아니라 클럽에서 노래를 하고 있었어. 그리고 오랜만에 만난 포레스트를 보고 반가워하기는커녕 화를 내. 자기 자신이 창피했던 거지. 한 번에 이루어지는 꿈이 어디 있겠어? 가다 보면 진창에 구를 때도 있고 막다른 골목을 만나기도 하고 그러는 거지. 그런데 학대당하며 자란 어린 시절을 상처로 품고 있는 제니는 자꾸 '나'로 사는 걸 잊어버리고 '무엇'이 되는 것으로 자신을 증명하려고만 해. 그게 마음대로 안 될 때 사람은 절망하고 부정적인 생각을 하는 거야.

〈플립〉의 브라이스도 남들 앞에서 어떻게 보일까를 너무 걱정한 나머지 결정적인 순간에 줄리와 화해를 할 기회를 놓쳤어. 한 친구가 지적장애를 가진 줄리의 삼촌에 대해 못된 말을 하는데 속으로는 쥐어박고 싶었으면서 정작 입으로는 맞장구를 치고 말거든. 친구랑 갈등이 생길까 봐서 말이야. 그런데 이 모습을 줄리가 보고 있었다는 게 문제였지. 누가 나를 지켜보고 있건 말건, 남들이 나를 어떻게 생각하건 말건 중요한 건 내가 나한테 솔직해지는 거야. 그래야 '전체가 부분보다 나은' 사람이 될 수 있어. 자신에게 불공평한 세상일지라도 열심히 살면서 제니에 대한 사랑을 숨김없이 표현하는 포레스트와 좋아하는 감정이나 자신의 잘못을 인정하는 데 주저함 없는 줄리처럼 말이야.

무언가를 바라볼 때 자신의 눈을 믿지 말고 마음을 믿기 바라. 눈은 보이는 것만 보지만 마음은 아름다움을 담거든. 눈으로 아름다운 사람이 아니라 마음에 담아서 아름다운 사람을 찾아야 해. 진짜 무지개처럼 빛나는 사람 말이야. 그리고 그런 사람을 찾았다는 생각이 들면 주저하지 말고 손을 내밀어. 결국에 가서 제니가 포레스트를, 브라이스가 줄리를 얻을 수 있었던 건, 먼저 손을 내밀 만큼 용감하고 확신이 있었기 때문이 아니었을까?

5장

위로가 필요할 때
이 영화를 봐

눈물이 짜니까
행복이 더 달콤한 거야.

● <인사이드 아웃>, <월플라워> ●

"어우, 한동안 좀 괜찮더니 오늘은 푹푹 찌네요. 아침부터 불쾌지수가 아주 장난 아니에요. 날씨나 사람이나 다 짜증 나."

준희가 바나나 우유에 꽂은 빨대 끝을 치아 사이에 문 채로 중얼거렸다. 바로 옆에서 마녀 언니는 두 팔을 위로 뻗어 올린 채 양 옆으로 번갈아 가며 옆구리를 쭉쭉 늘려 대고 있었다.

"하루 종일 이 안에 있으면 밖이 푹푹 찌는지, 칼바람이 부는지 전혀 모른단다. 그저 젊은 나이에 벌써 삐거덕대기 시작한 내 허리가 몹시 짜증이 날 뿐이야. 제기랄."

마녀 언니가 밑으로 한껏 상체를 기울였다가 다시 올릴 때마다 으윽, 으윽 신음 소리가 났다. 준희가 킥킥대자 마녀 언니가 "오늘 바나나 우유는 돈 받을 거야"라며 눈을 흘겼다.

"흐흐흐. 언니가 진짜 우리 언니였으면 좋겠어요."

준희는 막냇동생의 감정 따위 안중에도 없다는 듯 말 폭탄을 날리는 언니와 오빠의 얼굴을 떠올렸다.

"아침에 엄마한테 지금 다니는 수학학원을 2학기 때도 다니고 싶다고 그랬거든요. 그래야 여기도 계속 올 수 있잖아요. 물론 꼭 이것 때문만은 아니지만요. 암튼 그랬더니 방학 특강도 엄마가 등 떠밀어서 억지로 간 애가 웬일이냐고 하시는 거예요. 여기 수학학원이 다른 데보다 좀 비싸고 유명하거든요. 근데 하필이면 그때 오빠가 일어나 가지고 부엌으로 온 거죠. 오빤 제 일에 참견을 안 하고 그냥 넘어간 적이 없어요. 아침에도 뜬금없이 저보고 거기 공부를 하러 가는 게 아니라 남자애들 구경하러 가는 거라고 막 그러잖아요. 사실 좀 찔리긴 했어요. 오빠 친구 동생이 태훈 오빠잖아요. 어디서 뭔 얘길 들었나 싶은 생각도 들고…… 헤헤헤. 근데 거기서 그만 좀 하지 계속 깐죽깐죽. 수업을 따라가지도 못할 거라는 둥, 돈만 날리는 거라는 둥……."

"우아, 친오빠 맞아? 원래 오빠들이란 여동생이라면 깜빡 죽고 막 그래야 하는 거 아냐?"

마녀 언니가 손가락으로 안경을 치켜 올리며 말했다.

"그런 오빠는 드라마에 나오거나 남의 집에만 사나 봐요. 우리 오빠는 전혀요. 부모님은 왜 애를 셋씩이나 낳으셨나 몰라요. 요즘 언니랑 오빠랑 둘 다 있는 애가 누가 있어요? 있어 봐야 둘 중 하나지. 그러니까 막내는, 특히 공부 못하는 막내는 완전 애물단지예요. 오빠는 유일한 아들이라고 대놓고 편애하지, 언니는 똑똑하니까, 사실은 독한 거지만 아무튼 예뻐하지 전······."

준희가 눈물을 닦는 시늉을 하자 마녀 언니가 큭큭거리며 웃었다.

"아이고, 우리 쭌이 오빠한테 마음이 많이 상했나 보네. 그러게 사람들은 남한테도 못할 말들을 가족한테 아무렇지도 않게 한단 말이야. 식구가 남보다 못한 건지 뭔지."

"맞아요, 언니. 진짜 그래요. 친구들한테 그런 식으로 얘기했다가는 당장 절교당하겠죠. 그래 놓고 속상해하면 잘되라고 하는 소리래요. 나아참~ 근데 옛날에는 한 귀로 듣고 한 귀로 흘리기도 했는데 요즘은 부쩍 그런 소리가 듣기가 싫어졌어요. 내년이면 고등학생이라 그런지 공부 얘기나 대입 얘기 나오면 좀 민감해진 것도 같고. 가끔 제가 제 기분 조절을 못 하겠어요. 이게 아닌데, 싫으면서도 저 혼자 막 우울해지기도 하고 '이러지 말자!' 하면서도 막 화가 나고. 이런 제 감정이 너무 무거워요."

마녀 언니가 준희의 머리를 가만히 다독거리며 이어 말했다.

"사람의 감정이란 게 원래 그래. 감정에 색깔이 있다면 아마 하루에 열두 번도 더 일곱 빛깔 무지개가 떴다가 사라졌다가 할걸? 그리고 내 감정이라고 내 마음대로 되는 것도 아니야. 그렇지만 슬프고 우울한 감정은 나쁜 것, 즐겁고 행복한 감정은 좋은 것, 이렇게 나눌 수는 없어. 우리가 일곱 빛깔 무지개처럼 여러 가지 감정을 갖는 데에는 다 그만한 이유가 있거든."

인사이드 아웃
(Inside Out, 2015)

감독: 피트 닥터　　**상영 시간:** 102분

줄거리 요약: 사람들의 머릿속에는 저마다 감정 조절 본부가 있다. 그곳에는 기쁨이, 슬픔이, 버럭이, 까칠이, 소심이 다섯 감정이 열심히 일하고 있다. 부모님과 함께 새로운 곳으로 이사를 가게 되어 새로운 환경에 적응하게 된 소녀 라일리. 그런데 기쁨이와 슬픔이가 어떠한 사고로 본부를 이탈하면서부터 라일리에게 큰 변화가 찾아오기 시작하는데…….

월플라워
(The Perks of Being a Wallflower, 2012)

감독: 스티븐 크보스키   **상영 시간:** 102분

출연 배우: 엠마 왓슨(샘), 로건 레먼(찰리), 에즈라 밀러(패트릭)

줄거리 요약: 말 못 할 트라우마로 자신만의 세계에 갇혀 사는 찰리는 고등학교에 들어가서도 친구들과 잘 어울리지 못하고 방황을 한다. 그러던 어느 날 자유로운 영혼의 소유자인 샘과 패트릭 남매를 만나면서부터 조금씩 세상 밖으로 나가는 법을 배우게 된다. 그러나 어느 틈엔가 다시 나타나 찰리를 괴롭히는 과거의 상처는 세 사람의 우정마저 흔들어 놓기 시작하는데……

사람들의 머릿속에는 우주항공모함 조종실 같은 감정 조절 본부가 있어. 기쁨을 관장하는 기쁨이, 슬픔을 관장하는 슬픔이, 까칠한 감정의 까칠이, 소심한 감정의 소심이, 버럭 화를 내는 감정의 버럭이, 이렇게 다섯 감정들이 거기에서 일을 하고 있지. 〈인사이드 아웃〉의 주인공 라일리의 감정 조절 본부에서의 대장은 기쁨이야. 라일리가 계속해서 즐거울 수 있게 기쁨이는 슬픔이를 최대한 라일리와 떼어 놓으려고 해. 슬픔이가 손을 대는 것마다 금방 슬픈 파란색으로 물이 들어 버리거든. 낯선 도시로 이사를 온 라일리는 무엇 하나 마음에 드는 게 없어. 썰렁하고 지저분한 집도 싫고, 동네 피자집에는 제일 싫어하는 브로콜리 피자만 팔아. 당연히 슬프고 화가 나지. 기쁨이는 그런 상황에서도 라일리를 지키기 위해 슬픔이 주위에 작은 원을 그려 놓고 그 안에서 절대 밖으로 나오지 말라고 해. 기쁨이는 아무리 슬픈 일이 있어도 기쁨으로 바꿀 수 있다고 믿는 초긍정왕이거든. 그래서 슬픔이가 자꾸 일을 망쳐서 슬퍼할 때마다 슬픔이에게도 이런 위로를 건네.

"잘못된 일에만 너무 신경 쓰지 마. 되돌릴 방법은 항상 있어."

뭔가 그럴싸하게 들리지? 슬픔이는 자기도 모르게 슬픈 감정을 번지게 해. 사고를 칠 때마다 자기연민과 무기력에 빠져서 걸을 힘조차 없다고 드러누워 버려. 민폐도 이런 민폐가 없지 뭐야. 이처럼 슬픔은 어디에서든 환영을 받지 못하는 존재야. 슬픔이 반가운 사람이 누가 있겠어? 그렇다고 우리 삶에 슬픔이 없다면 더 나은 삶이 될까? 기쁨이가 믿는 것처럼 즐겁고 행복한 것이 최고라면 기쁨이만 있으면 되는 거잖아?

어느 날, 슬픔이가 친 사고로 기쁨이와 슬픔이가 엎치락뒤치락하다가 그만 감정 본부에 쌓아 둔 감정 기억이 뒤죽박죽 섞이면서 큰 혼란이 생기게 돼. 그 결과, 라일리는 평소답지 않은 행동을 마구 하게 되지.

오늘 함께 볼 영화 〈월플라워〉의 찰리 역시 종잡을 수 없는 감정의 소유자야. 고등학교에 등교한 첫날부터 졸업까지 남은 날짜를 계산할 정도로 완벽한 아웃사이더인 찰리는 점심을 같이 먹을 친구 하나 없고, 누구 앞에서도 말대꾸 한 번 하지 못해. 자기만의 세계에 갇힌 슬픈 영혼 그 자체야. 그렇지만 자신을 아껴 주는 다정한 부모님과 누나와 형이 있어. 학교에서 돌아온 찰리는 가족들을 보면서 속으로 이런 생각을 하지.

"헬렌 이모라면 내가 행복하면서도 불행하다는 사실과 그게 잘 이
해가 안 되는 나를 이해해 주실 거야."

행복하면서도 불행하다고 말하는 찰리. 찰리의 머릿속 감정 조절
본부의 대장은 슬픔인 걸까? 사실 찰리는 마음이 좀 아픈 아이야.
자기도 모르게 정신을 잃기도 하고 환영을 보기도 하지. 사실 찰리
는 어릴 적 자신의 생일 선물을 사러 가던 헬렌 이모가 불의의 교통
사고로 돌아가신 것에 대한 깊은 죄책감이 남아 있어. 그리고 제일
친했던 친구의 자살이 찰리를 힘들게 했지. 누구나 뜻하지 않은 큰
일을 당하면 슬픈 게 당연하잖아. 그런데 이 영화의 시작부터 찰리
는 한 번도 눈물을 보이지 않아. 자신에게 일어났던 일을 털어놓을
때도 표정의 변화가 별로 없어. 첫눈에 반한 첫사랑 샘 앞에서조차
말이야. 샘과 패트릭은 남매야. 겉으로 보기에는 찰리와는 정반대로
거칠 것 없는 자유로운 영혼들이었지만 이들 역시 비뚤어진 과거의
상처를 안고 있었어. 그래서 패트릭은 찰리에게 있었던 일을 알고
그를 친구로 받아들이며 이렇게 말해.

"너는 그저 지켜보고, 너만의 방식으로 이해하지. 너는 월플라워야.
불량품들의 섬에 온 걸 환영해."

그러자 찰리가 대답하지. "아무도 나를 알아주지 않는 것 같았어." 기형도의 시 「오래된 서적」에 이런 구절이 있어.

"나를 / 한 번이라도 본 사람은 모두 / 나를 떠나갔다. 나의 영혼은 / 검은 페이지가 대부분이다. 그러니 누가 나를 / 펼쳐 볼 것인가."

샘은 예쁘고 당차 보이지만 알고 보면 자존감이 낮아서 자신을 함부로 대하는 남자들한테 끌려다니기 일쑤고 패트릭은 학교에서 인기 많은 동성 풋볼 선수와 비밀 만남을 가지다가 호되게 당해. 원래 '월플라워'는 파티에서 댄스 파트너가 없어서 혼자 벽 쪽에 서 있는 외톨이들을 가리키는 부정적인 말이지만, 이 영화에서 '검은 페이지'들이 많은 '월플라워' 삼총사는 과거의 일로 현재를 평가하지 않아. 서로 거리를 두고 바라보면서 성급한 위로나 조언을 건네지 않고 서로를 의지해. 그 연대감이 바로 '월플라워들의 특권'이자 이 영화의 제목의 진짜 의미인 거야.

〈인사이드 아웃〉의 기쁨이와 라일리, 〈월플라워〉의 찰리와 샘, 패트릭은 어느 순간 자신들이 겪고 있던 혼란에서 한 걸음 벗어나게 되는데 그 계기가 되는 것이 바로 슬픔이야. 〈인사이드 아웃〉의 기쁨이는 라일리가 하키 경기에서 가족과 친구들의 헹가래를 받던 날을 라일리의 환한 웃음으로 기억하고 있어. 하지만 사실 그 순간은 라일리의 실수로 팀이 경기에 지자 심한 자책감에 슬퍼하던 라일리를 가족과 친구들이 위로해 주던 순간이야. 그들 덕분에 라일리가 눈물을 멈추고 환하게 웃었던 거였지. 그래서 기쁨이는 깨달았어. 슬픔이 있었기에 라일리가 행복을 느낄 수 있었다는 걸 말이야. 〈월플라워〉에서 샘과 패트릭은 조금씩 자신들의 상처를 인정하고 대입을 준비하지. 겉으로 아무렇지도 않은 척하는 찰리는 자기에게 무슨 일이 있었는지 '사건'만 이야기할 뿐 자신이 받은 '상처의 진실'은 얘기한 적이 없어. 헬렌 이모와의 사이에 진짜로 무슨 일이 있었는지는 아무도 몰랐지. 그래서 사랑하는 가족들이 다 괜찮아질 거라 말하는 것도 진정한 위로가 될 수 없었던 거야. 샘과 패트릭이 대학생이 되어 동네를 떠나고 찰리는 친구들과 이별을 하게 돼. 이 자연스러운 슬픔조차 어떻게 해야 할지 몰라 혼란에 빠진 찰리는 의사에게 이렇게 애원을 하지.

"이 '보이는 것들'을 멈추는 법을 알려 주세요. 고통스러운 일이 너무 많아요. 그걸 알아차리지 않는 방법을 모르겠어요."

찰리는 또다시 자신의 슬픔으로부터 도망을 치려고 했어. 그동안 한 번도 찰리가 눈물을 흘리지 않은 건 지난 상처를 극복해서가 아니라 그 상처에 너무 얽매인 나머지 그걸 제대로 쳐다볼 수조차 없었던 거야.

〈인사이드 아웃〉에서는 본부로 돌아가려는 기쁨이와 슬픔이 앞에 라일리의 어린 시절 상상 속 친구 빙봉이 등장해. 둘을 도와주던 빙봉은 도중에 라일리와 함께 만들었던 로켓을 잃어버리고는 크게 낙심을 하지. 그때 기쁨이는 그래도 긍정적으로 생각하고 웃자고 위로를 해 보지만 아무런 소용이 없었어. 그런데 슬픔이가 위로를 하니까 갑자기 빙봉이 펑펑 울면서 거짓말처럼 기운을 차리는 거야. 그때 슬픔이가 뭐라고 했는지 알아? 아주 담담한 목소리로 "소중을 한 것을 잃어버려서 슬프겠다"라고 말했어.
　수시로 툭하면 울음을 터트리는 슬픔이는 자신을 걱정스럽게 바라보는 기쁨이에게 이렇게 말을 해.

"울음은 인생의 문제에 너무 얽매이지 않고 진정하도록 도와줘."

빛나는 노란색인 기쁨이의 머리카락 색깔이 슬픔이와 똑같은 파란색인 것도 다 이유가 있어. 실컷 울고 나면 뭔가 속이 시원해지기도 하고, 내 슬픔을 이해하는 누군가로부터 위로를 받고 나면 뭔가 행복한 기분이 들곤 하잖아. 그런다고 문제가 해결되거나 상황이 달라지는 건 아무것도 없을 테지만 그 따뜻한 공감과 위로만으로 우리는 앞으로 나아갈 힘을 얻지. 오직 슬픔만이 할 수 있는 일이야. 라일리는 그동안 마음을 닫고 있었던 부모님에게 자신의 슬픔을 솔직하게 털어놓고 부모님 품에 안겨서 눈물을 흘려. 그 순간 기쁨이의 노란색과 슬픔이의 파란색이 섞인 새로운 색깔의 구슬이 생겨나. 그때부터 라일리의 머릿속에서는 감정의 색깔들이 섞인 기억의 구슬들이 만들어지게 되지. 복잡한 감정을 갖는다는 건 그만큼 정신적으로 성장했다는 걸 의미해. 〈월플라워〉에서도 마침내 자신의 진짜 상처를 봉인 해제시킨 찰리가 다시 세상을 향해 달려가며 이런 독백을 하지.

"내가 겪은 고통을 부정하는 사람들도 많거든. 열일곱 살이 되면 열여섯 살은 어땠는지 잊어버리는 사람도 있고. 언젠가는 이 모든 것이 이야기로만 남겠지. 우리 사진은 오래된 추억이 될 테고. 이제는 보여. 인생이 슬픈 이야기가 아니라고 깨닫는 순간이 있어. 너는 살아 있어. 일어서서 건물의 빛과 경이로운 것들을 봐. 추억의 노래를 들으면서 가장 사랑하는 사람들과 달려. 이 순간 단언컨대, 우리는 영원해."

〈인사이드 아웃〉의 슬픔이는 쓸데없는 슬픔을 만드는 얄미운 존재가 아니야. 슬퍼할 만한 일을 슬퍼하도록 만들어 주는 거야. 그런데 우리는 슬픔을 부정하는 경향이 있지. 어른들은 아이들에게 '남들 앞에서 울면 안 된다'고 가르치고 '눈물을 보이는 건 부끄러운 짓'이라고 말하기도 해. 긍정적이어야 성공한다거나 좋은 게 좋은 거라는 말을 입에 달고 살아. 그런데 살다 보면 슬픈 일은 늘 있어. 감정들 중에 좋은 것과 나쁜 것이 따로 있는 게 아니야. 모든 감정은 나름의 이유가 다 있어. 그리고 감정이란 한 가지 색깔로만 존재하지 않아. 그 뒤엉킨 것을 가슴속에 감추어 놓을 게 아니라 제때에 제대로 표현을 해야만 해. 그래야 그 절반이 두려움이나 슬픔, 분노 같은 것일지라도 새로운 행복으로 다시 태어날 수 있게 되는 거야.

상처와 화해하기

● <굿 윌 헌팅>, <겨울왕국> ●

콧노래를 흥얼거리며 골목 어귀를 돌아 편의점을 향해 가고 있으려니 저만치 앞에서 익숙한 뒷모습이 눈에 들어왔다. 반사적으로 입에서 "언!······"까지 튀어 나갔지만 준희는 거기서 급하게 다물었다. 마녀 언니가 누군가와 마주 서서 한창 얘기를 하는 중이었다. 일부러 속도를 늦춰서 걷고 있는데 날카롭게 울리는 하이 톤의 목소리가 준희의 귀에까지 또렷하게 들려왔다.

"내가 그때 너한테 잘못했다고 그랬어, 안 그랬어? 이제 와서 뭐가 달라져?"

준희는 걸음을 멈추고 잠시 고민에 빠졌다. 이대로 계속 가야 하나, 아니면 오늘은 이대로 그만 돌아가야 하나. 얼른 결정을 내리지 못하고 엉거주춤하게 선 채로 마녀 언니 쪽을 쳐다보고 있는데 그 상대방이 이쪽으로 걸어오기 시작한 것이 눈에 들어왔다. 긴 머리의 여자였다. 준희는 지레 화들짝 놀라 편의점 방향으로 주춤거리며 걸었다. 여자와의 거리가 좁혀지자 준희는 흘끔거리며 얼굴을 살폈다. 단단히 화가 난 것처럼 양미간 사이에 파도 같은 주름을 잔뜩 세우고 어금니를 어찌나 꽉 다물었는지 양쪽 턱 끝이 눈에 보일 정도로 볼록하게 솟아 있었다. 여자는 준희에게 눈길도 주지 않은 채 지나쳐 갔다. 편의점 쪽을 쳐다보자 언니는 이미 안으로 들어갔는지 보이지 않았다.

"언니, 저 왔어요!"

"어~ 왔어?"

마녀 언니는 평소와 다름없는 목소리로 준희를 맞아 주었다. 그리고 평소처럼 음료수 두 개를 들고 준희가 앉아 있는 창가 테이블로 다가왔다. 준희는 음료수를 받아 들고 마시며 슬쩍 언니의 눈치를 살폈다. 잠시 망설이며 뜸을 들이는 사이 먼저 입을 연 것은 언니였다.

"봤지? 걔?"

"네? 아, 네."

마녀 언니가 큭큭거리며 웃었다.

"어유, 쥰, 넌 진짜 못 말려. 너 네 얼굴이 번역기인 거 아니? 궁금해 죽겠는데 이거 물어봐야 하나 말아야 하나 망설이는 게 얼굴에 다 써 있어."

"아, 진짜요?"

준희는 제 얼굴을 손바닥으로 더듬거리며 흐흐 웃었다.

"나 중학교 때 그 일 말이야, 아까 걔도 그중 하나였어. 고등학교도 같은 데 나왔거든. 근데 학교 졸업하고 처음 보는 거야. 어제 모르는 번호로 문자가 왔더라고. 다른 애들한테 물어물어 겨우 찾았다면서 물어볼 게 있다고 잠깐 보자길래 여기로 오라고 했지."

말을 하면서 핸드폰 화면을 쿡쿡 누르던 언니는 잠시 입을 다물고 준희를 향해 핸드폰을 내밀었다. 화면 속에 누군가의 SNS가 떠 있었다. 자세히 보니 아까 그 여자가 머리카락을 귀 뒤로 넘기며 환하게 웃고 있는 사진이었다. 아까와는 전혀 다른 사람 같았다. 언니가 사진 밑에 달린 댓글들 중 하나를 손가락으로 가리켰다.

"이렇게 순진한 얼굴로 웃으면 네 과거가 싹 덮일 거 같지? 너 우리 동네 소문난 일진 커플이었잖아. 멀쩡한 애 얼굴에 칼자국 좌악 내 놓고 사과는커녕 뻔뻔하게 오리발. 입만 열면 욕에 착한 애들 왕따시키고 돈 뜯는 재미에 학교 다닌 인성 쓰레기. 가식 떨지 말고 이제라도 사람 노릇하고 싶으면 진심으로 제대로 된 사과부터 하는 게 어때?"

준희의 눈이 왕방울만 하게 커졌다. 언니가 화면을 위로 밀어 올리자 그 밑으로 대댓글들이 연꼬리처럼 줄줄 이어져 있는 게 보였다. 자세히 읽지 않고 눈으로 훑기만 해도 한국말로 할 수 있는 욕이란 욕은 다 모아 놓은 것 같았다. 마녀 언니가 후 하고 긴 한숨을 내쉬었다.

"편의점 앞에서 보자마자 인사도 없이 이것부터 들이밀더라. '이거 네가 쓴 거 맞지?' 이러면서 따지는 거야. 네 SNS를 일부러 찾아서 볼 만큼 너한테 관심 없다고 말했더니 거짓말하지 말라고, 나 아니면 누가 그때 일을 가지고 이렇게 쓰겠냐고 난리를 치는 거야. 진짜 어이가 없었던 건, 그날 교실에 나만 있었던 거 아니라고 말했더니 내가 잘못해서 스스로 사고 쳐 놓고 지금에 와서 사람을 이렇게 괴롭히냐고 그렇게 살지 말라고 하더라. 그리고 댓글들 달린 거 봤냐고, 그거 인신공격에 범죄라고 책임지래."

입을 벌린 채 마녀 언니의 얘기를 듣고 있던 준희는 기가 막히다는 듯 눈알을 이리저리 굴렸다.

"하……. 그 여자 미친 거 아니에요? 아나, 진짜! 멀리서 보니까 혼자 막 흥분해서 소리 지르는 거 같던데 언니는 그걸 가만히 보고만 계셨어요?"

마녀 언니는 오히려 담담한 얼굴이었다.

"걔를 보면서 그런 생각이 들더라. 그때 그 사고로 지워지지 않는 흉터가 남은 건 나지만 난 지금은 아무렇지도 않거든. 근데 그때 그 사고로 자신도 모르는 상처가 남아서 지금까지 자신도 모르게 현재진행형으로 곪아 가고 있는 건 그 애인 것 같았어. 그렇게 바락바락 소리를 지르는 걸 보고 있으려니 불쌍하더라."

"불쌍하긴 누가 불쌍해요? 언니, 지금 도 닦으세요? 어우, 답답해. 저 같으면 옛날 일까지 다 합쳐서 열 배로 갚아 줬을 텐데……."

준희는 제 가슴팍을 주먹으로 팡팡 두드렸다. 마녀 언니는 그런 준희를 보며 잠시 킥킥거리다가 이내 생각에 잠긴 표정이 되어 입을 열었다.

"그 일을 잊은 건 아니야. 그때 느꼈던 아픔, 충격, 사라지지 않는 흉터를 보는 막막함, 외로움…… 가슴속에 쌓인 분노나 원망을 놓기가 참 힘들었어. 근데 대학을 중간에 그만두고 새롭게 시작하자고 마음을 먹었을 때 비로소 그 과거에서 벗어날 수 있었던 것 같아. 사람들은 시간이 약이라고 하지만 말이 쉽지. 아무리 시간이 흘러도 아물지 않는 상처가 있는 거야."

굿 윌 헌팅

(Good Will Hunting, 1997)

감독: 구스 반 산트   **상영 시간:** 126분

출연 배우: 맷 데이먼(윌 헌팅), 로빈 윌리엄스(숀 맥과이어), 벤 애플렉(처키 슐리반), 미니 드라이버(스카일라)

줄거리 요약: 천재적인 두뇌를 가진 윌은 어린 시절 받은 상처로 인해 마음을 닫고 공사장 막노동과 청소 용역일 등을 전전하며 살아가고 있다. 그런 윌의 재능을 알아본 MIT 수학과 램보 교수는 대학 동기인 심리학 교수 숀에게 그를 부탁하게 되고, 거칠고 반항적이기만 하던 윌은 숀과 함께 시간을 보내면서 조금씩 과거의 상처를 극복해 가기 시작하는데……

겨울왕국

(Frozen, 2013)

감독: 크리스 벅, 제니퍼 리　　**상영 시간:** 108분

줄거리 요약: 사이좋은 자매 엘사와 안나. 언니 엘사에게는 숨겨진 힘이 있다. 손을 대는 모든 것을 얼려 버릴 수 있는 엄청난 힘이다. 어릴 적 동생 안나와 함께 놀다가 자신의 힘을 통제하지 못해 사고가 일어난 후부터 엘사는 안나를 멀리하며 숨어 지내다시피 한다. 왕관을 물려받는 대관식 날, 세상 밖으로 나온 안나는 또다시 예상치 못한 사고를 겪는다. 결국 엘사는 자신의 힘을 저주하며 산속으로 떠나 버리고, 혼자 남은 안나는 얼어붙은 왕국의 저주를 풀기 위해 언니를 찾아 여정을 떠나는데…….

〈굿 윌 헌팅〉의 윌은 천재적인 기억력과 수리능력을 가지고 있어. 역사와 법률에도 조예가 깊고 예술적 통찰력까지 있지. 그런데 누구나 부러워할 만한 재능을 가진 이 남자는 정식 교육을 받은 적이 없어서 허드렛일과 막노동을 전전하면서 살아. 매일 술을 마시고 입만 열면 욕에 전과까지 화려하지. 사실은 어린 시절 입양과 파양을 거치며 당한 학대로 세상을 향한 마음의 문을 닫고 말 그대로 막 사는 거였어. 미국 최고의 공과대학인 메사추세츠 공과대학교(MIT)에서 청소부로 일하는 그는 램보 교수가 대학원 학생들을 대상으로 내는 수학 난제를 몰래 풀어서 답을 써 놓곤 해. 아무리 '난제'라도 그에게는 하룻밤 시간을 때우기 좋은 심심풀이였거든. 역시 천재였던 거야. 그의 재능을 알아본 램보 교수가 패싸움으로 경찰에 잡혀간 윌에게 신분을 책임져 줄 테니 대신 정신과 상담을 받으라고 제안해. 제안을 수락한 윌은 좋은 머리로 심리상담가들이 자신을 금세 포기하도록 만들어 버려.

〈겨울왕국〉의 엘사도 아픔이 있어. 어린 시절 사랑하는 동생 안나에게 영원히 지워지지 않는 상처를 입힌 자신의 특별한 능력을 저주하며 안나를 멀리해. 부모님은 아예 엘사가 외부와 접촉하는 것을 막고 방 안에만 있게 하지. 그런데 영원히 그렇게 살 수는 없잖아. 왕위를 물려받아야 하는 나이가 되자 어쩔 수 없이 세상 밖으로 나와야만 했지. 그런데 대관식 날 그녀의 비밀이 어쩌다 들통이 나게 된 거야. 그러자 엘사는 사람들로부터 도망쳐서 어디론가 사라지고 왕국은 모든 것이 얼어붙는 얼음의 저주에 빠지고 말아.

월도 엘사도 몸만 오늘을 살고 있는 거야. 마음은 모두 먼 과거의 고통스러운 기억에 붙잡힌 채 한 발자국도 밖으로 나가지 못했어. 자신의 상처를 마주 보는 것을 거부하며 눈은 꼭 감은 채로 마치 세월이 모든 것을 해결해 줄 것이라고 믿기라도 하는 것처럼 그냥 시간을 흘려보낸 거야.

엘사는 얼어붙은 산속으로 달아나 자신의 능력으로 얼음으로 된 궁전을 짓고 그 유명한 노래 '렛잇고Let It Go'를 부르며 행복한 표정을 지어. 가사만 들으면 마침내 엘사가 자신이 진정으로 있어야 할 곳을 찾은 것만 같아.

"다 잊어, 다 잊어. 더 이상 참을 수 없어……. 돌아서서 문을 닫아 버려. 그들이 뭐라고 하든 상관 안 해. 폭풍아 휘몰아쳐라. 추위는 날 한 번도 괴롭힌 적이 없으니까…… 옳은 것도 거짓도 규칙도 내겐 없어. 난 자유야. 다 잊어, 다 잊어. 난 바람과 하늘과 함께 살 거야…… 내가 우는 걸 다시는 보지 못할 거야. 나는 여기에 서 있어. 그리고 여기 머물 거야······ 절대 돌아가지 않아. 과거는 과거일 뿐."

엘사는 과연 자유를 찾은 걸까? 혹시 세상으로부터 도망을 쳐서
이번에는 성에 있는 자신의 방 대신 얼음궁전 안에 스스로를 가둔
것은 아닐까? 안나가 눈보라와 추위를 뚫고 겨우 엘사를 찾아갔는
데 언니가 자신을 그냥 돌려보내려고 하자 이렇게 말해.

"왜 나를 밀어내? 왜 온 세상을 밀어내? 뭐가 그렇게 무서워서!"

동생의 눈에는 아직도 과거의 사고에 갇혀 있는 엘사가 보였던
거겠지. 겉으로는 거칠 것 없이 당당한 눈의 여왕처럼 보이지만 속
으로는 여전히 자신의 힘과 세상의 눈을 두려워하는 여린 마음이 말
이야.

〈굿 윌 헌팅〉의 윌의 속마음을 꿰뚫어 보는 것도 그의 둘도 없는
친구 처키였어.

"네가 만약 20년 후에도 여기 살면서 이딴 막노동이나 하고 풋볼 경
기 보러 우리 집에 들락거리면 그땐 내가 널 죽일 거야. 농담하는 거 아
니야······. 넌 당첨된 복권을 깔고 앉아 있어. 너무 겁이 많아 돈으로 못
바꾸는 꼴이라고. 병신 같은 짓이지. 네게 있는 재주를 가질 수 있다면

난 뭐든 할 거야. 여기 친구들도 마찬가지야. 여기서 20년이나 썩는 건
우리에 대한 모욕이야."

월에게 겁이 너무 많다고 말한 건 그만큼 처키가 월을 잘 알고 있
어서야. 월의 반발심과 거친 성격은 어른이 되어서도 아물지 않은
어린 시절의 상처 때문에 다른 사람들이 자신의 마음을 들여다보지
못하게 하느라 일부러 그런 거였어. 일종의 방호벽 같은 거지. 그런
데 세상에 상처가 없는 삶이 어디 있겠어? 램보 교수가 월의 상담을
부탁한 심리학과 교수 숀도 마찬가지야. 월은 숀을 처음 만난 자리
에서 그의 결혼 생활에 대해 비아냥대고 막말을 늘어놓다가 혼쭐이
나. 숀은 그에게 타인의 슬픔과 기쁨에 공감하기보다 약점부터 파고
드는 건 아이 같은 짓이라고 말해. 누구에게나 자신의 상처가 가장
아픈 게 당연하지만 그렇다고 자신의 아픔만 중요한 건 아니야. 숀
은 사랑하는 아내의 병간호를 위해 일까지 내팽개쳐 가며 헌신했지
만 결국 아내를 떠나보내야만 했던 슬픔이 있었어.

"아내가 병상에서 죽어 갈 때 더 이상 환자 면회 시간 따위는 의미가
없어져. 넌 진정한 상실감이 어떤 건지 모르지. 그건 너보다 타인을 더
사랑할 때 느끼는 거니까."

진심으로 누군가를 위한다는 건 나보다 그 사람을 먼저 생각하는 거야. 나의 아픔보다 상대의 아픔을 먼저 위로하고 나의 안녕보다 상대의 안녕을 먼저 살피게 되는 거 말이야.

〈겨울왕국〉에 나오는 엉뚱하고 다정한 눈사람 올라프는 가볍게 툭툭 던지는 말로 두고두고 곱씹을 거리를 안겨 주지. 안나의 길동무인 올라프는 안나에게 "와, 넌 진짜 사랑에 대해 아무것도 모르는구나, 그렇지?"라고 하며 사랑에 대해 이렇게 설명을 해.

"사랑이란, 다른 사람이 원하는 걸 네가 원하는 것보다 우선순위에 놓는 거야."

그리고 안나가 위기에 처했을 때 모닥불을 피워서 그녀를 구해 내고는 불 앞에서 몸이 녹고 있는 자신을 걱정하는 안나에게 이렇게 말해.

"누군가를 위해서라면 기꺼이 녹을 수 있어."

〈굿 윌 헌팅〉에서 처키도 윌에게 통박을 주는 것 같지만 그 안에는 친구의 빛나는 재능을 아까워하는 진심이 담겨 있어.

"내 생애 최고의 날이 언젠지 알아? 내가 너희 집 골목에 들어서서 네 집 문을 두드려도 네가 없을 때야. 안녕이란 말도, 작별의 말도 없이 네가 떠났을 때라고. 적어도 그 순간만은 행복할 거야."

월은 전 세계에서 한두 명 정도 풀 수 있을까 말까 한 수학 공식의 답은 용케도 찾아내면서 "도대체 네가 하고 싶은 게 뭐야?"라는 숀의 간단한 질문에는 망설이면서 답을 찾지 못해. 그렇지만 숀과 대화를 하면서 조금씩 변하기 시작하지. 그 출발은 원점으로 돌아가는 거였어. 상처가 났을 때 진짜 아픈 건 상처가 난 순간보다 소독약을 바르고 치료를 하는 과정이야. 그런데 그때를 잘 넘기면 상처는 자연스럽게 아물게 되어 있어. 흉터가 남더라도 말이지. 그런데 제대로 치료도 하지 않고 상처를 반창고로 무작정 덮어 버리면 어떻게 될까? 시간이 지나면서 상처는 덧나서 상태가 더 나빠지겠지? 마음에 난 상처도 마찬가지야. 월은 고통스러웠던 과거를 아무에게도 말하지 않고 덮어 버린 채 세상을 향해 날을 잔뜩 세우고 살아가지만 전혀 괜찮아진 게 아니었어. 오히려 시간이 지날수록 더 비뚤어져 갈 뿐이었지. 그런데 숀의 도움으로 월은 마침내 자신의 상처를 마주 보게 되었어. 숀은 월에게 과거의 이야기를 하게 하고는 이런 말을 해.

"네 잘못이 아니야. 네 잘못이 아니야. 네 잘못이 아니야."

월은 "나도 알아요"라고 담담하게 대답을 하지. 그런데 손이 계속
해서 같은 말을 반복하는 거야. 아직 모르고 있다면서 말이야. 그러
자 월의 표정이 점점 일그러지면서 화를 내더니 결국에는 울음을
터트리고 말아. 월의 마음속에 웅크리고 있던 상처받은 아이가 드
디어 자신의 감정을 솔직하게 드러낸 순간이었지. 상처에서 벗어나
는 방법은 자신이 상처받았다는 것을 인정하는 것에서부터 시작되
거든. 나도 내 안의 아이와 화해할 때 똑같은 말을 해 줬어. "그때의
일은 네 잘못이 아니야. 네 잘못이 아니야." 나를 찾아와서 앞뒤 없
이 앙칼지게 따지던 걔가 딱했던 건 내가 마음이 넓어서가 아니라
그 오래전 일에서 벗어나지 못하고 버둥거리는 게 보여서 그랬어.
그 아이는 아직 그때의 자신을 인정하고 받아들일 마음이 없는 거
야. 그래서 누군가 자신의 SNS에 그런 댓글을 달고 손가락질을 받
게 되니까 마냥 억울하고 분하기만 한 거지. 아마 이번 일로 또 상처
를 받고 앞으로 오랫동안 괴로워하지 않을까? 이 악순환에서 벗어
나려면 어디에서부터 매듭을 풀어내야 할지 그 아이는 결코 알 수
없을 거야. 거봐, 불쌍하다고 했던 내 말이 맞지?

6장

미래의 꿈이 필요할 때
이 영화를 봐

'개학이 다음 주라니.'

준희는 편의점 테이블에 앉아 한숨을 포옥- 내쉬었다. 마치 선을 넘지 않으려고 까치발을 하고 동동거리고 있는데 누가 툭하고 등을 떠민 것 같은 기분이었다. 새벽녘에 목까지 이불을 끌어올리다가 잠결에 문득 '아, 여름이 진짜 갔나 봐.' 중얼거린 게 생각이 났다. 이제 조금 있으면 가로수 잎사귀들이 가장자리부터 노릿노릿 물이 들어갈 것이다. 그리고 그 잎사귀들이 모두 가지를 떠나고 난 뒤 조금 더 있으면 해가 바뀔 것이다. 그리고 해가 바뀌고 나면 정든 교복이 바뀔 것이다. '아, 벌써 고등학생이라니.' 준희는 아까보다 더 크게 푸욱- 한숨을 내쉬었다.

"언니, 언니는 어렸을 때 꿈이 뭐였어요?"

준희는 옆에 앉아 있는 마녀 언니를 쳐다보며 물었다.

"어? 글쎄, 매번 바뀌었던 거 같은데. 원더우먼 같은 슈퍼 히어로도 되고 싶었다가 어떤 때는 가수, 만화가, 또 어떤 때는 슈바이처 같은 의사나 정의를 심판하는 판사, 형사가 되고 싶었던 적도 있었고…… 음……."

"아이 참, 그런 거 말고 진짜로 진지하게 되고 싶었던 게 뭐였냐고요."

"나 진짜로 진지했어! 만화나 영화를 보는데 주인공이 엄청 멋있게 나오잖아. 그러면 가슴이 막 뛰면서 아, 나도 나중에 커서 저런 걸 하고 싶다는 마음이 드는 거지. 주인공 직업이 가지각색인 탓에 장래희망이 일관성 없이 널을 뛰었던 것뿐이라고."

"아휴, 못 말려! 영화는 영화일 뿐이죠! 다 지어 낸 이야기들인데 그런 걸 보면서 진지하게 미래를 꿈꾸다니 진짜 언니답네요."

준희의 말을 듣고 있던 마녀 언니가 눈을 동그랗게 떴다.

"워워~ 그건 아니지! 아무리 지어 낸 이야기들이라고 해도 발끝은 현실을 딛고 있어야 하는 거야. 그래야 사람들이 영화를 보면서 공감을 하고 감동을 받을 수 있는 거거든. 자기도 모르는 사이에 주인공에 빙의를 해서 같이 분노하고 울고 웃다 보면 어떤 깨달음을 얻기도 하고, 잃었다고 생각했던 희망을 도로 찾기도 하고, 이전에 생각해 보지 않았던 새로운 꿈을 꾸게 되기도 하지. 영화는 우물 안 개구리가 우물 밖으로 폴짝 뛰쳐나갈 수 있게 해 주는 디딤돌이 되어 주기도 해. 내가 알지 못했던 세상을 보여 주고 내가 경험해 보지 못한 무궁무진한 일들을 간접적으로나마 느끼게 해 주니까. 그게 바로 영화의 둘도 없는 매력이지."

변호인
(2013)

감독: 양우석   **상영 시간:** 127분

출연 배우: 송강호(송우석), 김영애(최순애), 오달수(박동호), 곽도원 (차동영), 임시완(진우)

줄거리 요약: 1980년대 고졸 출신의 변호사 송우석은 좋은 학벌로 무장한 동료 변호사들의 무시 속에서도 부동산 등기부터 세금 자문까지 탁월한 사업수완을 발휘하며 승승장구한다. 그러다 과거에 신세를 진 국밥집 사장님의 아들이 뜻하지 않은 사건에 휘말렸다는 소식을 듣게 되고, 간절한 부탁에 못 이겨 재판에서 변호를 맡게 되는데……

법 앞에 평등한 세상을 위하여

● <변호인> ●

변호사 송우석은 '변호사'라는 직함 말고는 볼 게 아무것도 없어. 빽도 없고 돈도 없거든. 게다가 대학 졸업장조차 없는 상업고등학교 출신이야. 소위 개천에서 용이 난 격이지. 동료 변호사들로부터는 무시를 당하지만 아무렴 어때. 건설 현장에서 막노동을 해 가며 돈을 벌어 어렵게 사법시험을 합격해 겨우 변호사가 됐으니 이제 다음 목표를 향해 나아가야지. 돈 잘 버는 변호사가 되는 것 말이야. 얼마 안 있어 그는 부산 바닥에서 제일 잘 나가는 변호사가 돼. 학부모가 아이들에게 바라는 희망 직종 영순위가 의사 아니면 변호사잖아. 되기는 힘들어도 일단 되고 나면 사회적으로 대접받고 존경받고 돈도 많이 벌고, 그러면 성공과 행복은 자동 완성으로 따라오는 거지. 이 공식에 따르면 변호사 송우석은 세상 그 무엇도 부럽지 않은 '다 가진 남자'여야 하는 게 맞지? 그런데 과연 그럴까?

어느 날, 우석은 과거에 신세를 졌던 국밥집 아주머니의 아들 진우가 갑자기 실종됐다는 소식을 듣게 돼. 아들을 애타게 찾아 헤매던 어머니는 아들이 공산주의자, 소위 '빨갱이'로 몰려 재판을 앞두고 있다는 사실을 알게 되고, 우석을 찾아와 재판을 맡아 달라고 사정을 하지. 그녀와 함께 진우를 만나러 간 우석은 온몸이 멍투성이에 고문의 후유증으로 정신이 오락가락하는 그의 모습을 보고 충격을 받아. 그러고는 아무도 맡지 않으려고 하는 그 사건의 변호인을 자청하고 나서.

"이러면 안 되는 거잖아요. 할게요. 변호인. 하겠습니다."

직업에서 돈을 목표로 하느냐, 아니면 자아실현을 보람으로 삼느냐는 개인의 가치관에 달린 문제야. 물론 이 둘이 균형을 이룰 수 있다면 더없이 좋겠지만 어느 하나를 다른 하나에 우선해야 할 때도 있어. 어느 쪽이 더 나의 삶을 행복하게 만들어 주느냐가 판단의 기준이 되겠지. 흔히 예술가를 '가난한 직업'이라고 하지만 그래도 세상에는 예술가를 꿈꾸는 사람들로 넘쳐 나잖아. 돈보다도 자신이 하고 싶은 일에 열정을 쏟는 게 행복한 거지. '변호사'도 직업의 하나야. 사람들은 변호사라는 직업을 막연히 고소득 직종에, 일단 되기만 하면 그것으로 끝이라고 생각하지만 변호사의 일은 그리 만만치가 않아. 법정에서 의뢰인을 위해 법률행위를 대신해 주고 수임료를 받는 전문가이지만, 그 일이 사회에 미치는 영향력이 크기 때문에 사회적 책임까지 함께 고민을 해야 하거든. 그런데 돈과 힘이 따르는 직업의 특성상 이 두 가지에 휘둘리기 쉽고 자신의 양심과 사회적 보람을 굳건하게 밀고 나가려면 보통 노력이 필요한 게 아니야. 우석도 대기업 변호사로 스카우트 제의까지 받으며 승승장구하고 있었지만 80년대 군사정권 시절의 혼란한 정치 상황 속에서 '돈과 힘'이냐, 아니면 변호사라는 직함을 단 사람들이 마땅히 가져야 하는 '직업정신'이냐, 둘 중의 하나를 선택해야 하는 갈림길에 놓이게 돼. 처음에는 그에게 변호사는 남보다 좀 더 풍족하고 안정된 삶을 위한 직업일 뿐이었어. 그래서 거리로 몰려 나가 데모를 하는 대학생들을 곱지 않은 눈으로 봤어. 실종되기 전 진우가 그에게 "왜 학생들이 데모를 하는지 한 번이라도 그 이유를 생각해 본 적이 있느냐?"라는 질문에 "데모를 해서 세상이 바뀌면 열두 번도 더 바뀌었어. 세상이 그렇게 말랑말랑한 줄 알아? 계란 아무리 던져 봐라. 바위가 부서지나!"라고 대답을 해. 배운 게 모자라고 가난한 사람들에게 세상살이가 얼마나 힘들고 배고프고 각박한지 그는 너무나 잘 알고 있었거든. 그러니 비싼 대학 등록금을 내고 학생운동을 하는 게 얼마나 배부른 투정처럼 보였겠어. 그런데 그런 우석에게 진우가 이런 말을 해.

> "바위는 아무리 강해도 죽은 거고 계란은 아무리 약해도 살아 있는 거다. 바위는 부서져서 모래가 되고 계란은 바위를 넘는다."

진우의 재판을 맡으며 우석은 처음으로 '돈'을 위해서가 아니라 '정의'를 위한 변호를 시작해. 힘없는 국민을 짓밟는 공권력을 목격한 그는 점점 열성적인 '진짜 변호사'가 되어 가지. 사회의 부조리를 밝히기 위해 물불 가리지 않고, 법은 진실을 가리는 힘이 있어야 하며, 법전에 나오는 그대로 법 앞에 모두가 평등해야 한다고 믿는 교과서에 나올 법한 그런 변호사 말이야. 이 재판 이후 우석은 법정에서뿐만 아니라 거리에 나서서 정의를 외치는 변호사로 활약을 해. 그러다가 뜻하지 않게 법정에 피고인으로 서게 되었는데, 그때 법정엔 사람들로 가득 찼어. 부산 지역 변호사 142명 중 99명이 그를 변호하겠다고 나섰기 때문이었어. 국밥집 아들 진우의 말처럼 끝도 없이 쉬지 않고 계란을 던졌더니 마침내 바위를 넘어선 거야.

✦ 직업의 세계: 변호사

▶ 변호사라고 하면 법정에서 멋있게 변론을 하는 모습만을 떠올리기 쉽습니다. 그러나 보통 실제 법정 출석을 하는 날은 주 2회 정도이고 나머지 업무는 법정 밖 보이지 않는 곳에서 이루어집니다. 재판을 위한 서류를 준비하고 법률상담을 하고 자문을 하는 등 변호사가 해야 할 일은 아주 많지요. 그리고 영화 속 송우석 변호사가 세금 전문 변호사로 활약한 것처럼 학위나 관련 근무 경력 등을 근거로 민사, 형사, 행정, 조세 등 자신의 전문 분야를 따로 등록할 수 있습니다.

▶ 예전에는 사법시험에 합격해서 사법연수원 과정을 마치는 것이 변호사가 될 수 있는 유일한 방법이었습니다. 2017년, 사법시험이 폐지되면서 이제는 변호사 시험에 합격을 하면 변호사가 될 수 있습니다. 이 시험을 보려면 법학전문대학원(로스쿨)에서 석사학위를 취득하여야 하며 재학기간 내에는 변호사 시험을 볼 수 없고 졸업 후 5년 내 5회에 한하여 응시가 가능합니다.

파이널리스트

(Imposed Piece, 2017)

감독: 브레히트 반후니커   **상영 시간:** 82분

출연: 이지윤, 윌리엄 칭웨이, 임지영, 윌리엄 헤이건

줄거리 요약: 쇼팽 콩쿠르, 차이콥스키 콩쿠르에 이어 세계 3대 콩쿠르로 꼽히는 퀸 엘리자베스 콩쿠르를 담은 첫 다큐멘터리이다. 200명의 지원자들 중 최종으로 뽑힌 12명의 바이올리니스트들이 8일간 합숙을 하며 마지막 결판을 위한 연주를 준비한다. 상위 0.1%의 재능을 가진 그들이 처음으로 공개하는 예술을 향한 열정과 치열한 경쟁 그리고 생생한 청춘의 고민들이 펼쳐지는데……

무한경쟁시대,
예술을 향한 열정 vs 최고를 향한 열정

〈파이널리스트〉는 영화가 아니라 다큐멘터리야. 세계 3대 콩쿠르로 꼽히는 퀸 엘리자베스 콩쿠르의 모든 것을 최초로 공개한 작품이지. 이 콩쿠르는 독특한 방식으로 치러지는데, 전 세계에서 뽑힌 12명의 바이올리니스트들이 벨기에 브뤼셀에 있는 뮤직 샤펠에서 8일간 합숙을 하며 지정곡과 자유곡을 연습하는 거야. 그리고 보자르 홀에서 2천여 명의 청중들이 지켜보는 가운데 콘서트 형식으로 본선을 진행하는 거지. 세계적 명성과 권위를 가진 콩쿠르인 만큼 여기에 모인 12명은 그야말로 상위 0.1%의 재능을 가진 바이올리니스트들이라고 할 수 있어. 그런데 이 다큐멘터리 속 깜짝 놀랄 만한 건 12명 중에 한국인이 무려 세 명이나 포함되어 있다는 거야. 정말 자랑스럽지 않아? 8일 동안 그들은 샤펠을 떠날 수 없고 통신장비를 일절 사용할 수 없어. 할 일이라고는 연습과 먹고 자는 것밖에 없지. 천재 바이올리니스트들이라면 바이올린에 활만 갖다 대도 저절로 연주가 나올 것 같은데 과연 그들은 얼마나 열심히 연습을 할까?

> "일주일 후에 살아 있을지 모르겠어요. 너무 피곤해요. 방전이 된 거 같아요. 이렇게 방전이 될 때까지 연습을 한 적이 없어요. 그런데 쉴 수가 없어요. 할 게 너무 많아서요."
> "유럽에서 온 남자애들이 연습을 하는 걸 봤어요. 걔네들은 몸도 크고 근육도 있고 팔도 튼튼하고. 그 차이를 제가 극복할 수는 없죠. 그러니까 전 저만의 해결 방법을 찾아야 해요."

이 대회의 지정곡은 연주하기가 무척이나 까다로운 최고 난이도의 곡이야. 그래서 어떤 파이널리스트는 연주가 어려운 게 아니라 아예 불가능하다고 푸념을 하고, 또 다른 파이널리스트는 며칠이 지난 다음에야 "이제야 곡을 좀 알 것 같아요"라고 털어놓지. 그런데 단 8일 만에 수많은 사람들 앞에서 완벽한 연주를 들려줘야 한다니 그 부담과 스트레스가 얼마나 클지 상상하기 힘들 정도야. 자기와의 싸움뿐만 아니라 보이지 않는 경쟁도 이들이 감당해야 할 무거운 숙

제야. 8일 동안 한 공간 안에서 부대끼다 보니 서로 비교하면서 절
망하게 되는 게 당연하잖아. 남들이 볼 때야 엄청난 재능을 가지고
있으니 행복하기만 할 것 같지만 그들 역시 무한경쟁에 내몰린 건
똑같아. 그래서 어떤 파이널리스트는 콩쿠르에 참가해서 결선 진출
자를 호명할 때마다 혹시라도 자신의 이름이 빠져 있을까 봐 드레스
밑으로 감춰진 다리가 와들와들 떨린다고 고백해.

  이들은 왜 이런 경쟁을 하는 걸까? 세계 최고가 되기 위해서? 훌
륭한 재능을 적당히 펼치는 것으로는 행복할 수 없는 걸까? 파이널
리스트들 중 한 명인 한국인 바이올리니스트 이지윤은 유명한 솔리
스트를 만났던 기억을 떠올려.

  "저녁에 친구들이랑 바에 갔는데 그 사람이 거기 온 거예요. 혼자서.
  언제나 옮겨 다니면서 연주를 하기 때문에 친구가 없는 거죠. 무대 위
  에서 엄청난 갈채를 받는 사람이 콘서트 후에는 그저 혼자라는 사실이
  슬퍼 보였어요. 그래서인지 몰라도 요즘에 이게 내가 진정으로 원하는
  삶인가 하는 생각을 자주 해요."

  상위 0.1%라고 해도 이런 정답이 없는 질문의 답을 찾기 위한 고
민에서 예외가 아니지. 그래서 두 한국인 파이널리스트들은 산책을
하며 바이올리니스트의 외로운 삶에 대해 속 깊은 이야기를 나눠.

경쟁에서 승리하는 기쁨과 무대에서 받는 박수 갈채가 진정한 행복을 줄 수 있는지, 아니면 추상적인 음악의 아름다움을 타고난 재능과 감수성으로 완벽하게 구현해 나가는 것이 궁극적인 목표가 되어야 할지 말이야. 또 다른 파이널리스트인 케네디 렌쇼는 연주를 앞두고 식당에서 홀로 밥을 먹는데, 텅 빈 식당에 밥그릇 달각거리는 소리가 쓸쓸하게 울려 퍼지지.

> "지금의 클래식 음악 세계에는 콩쿠르가 넘쳐 나고 국제적인 대회도 많아요. 마치 국제적인 스포츠가 되어 버렸어요. 전 콩쿠르가 경쟁이라기보다 끊임없는 콘서트의 향연이라고 생각해요. 그렇게 생각하는 편이 훨씬 나아요."

정상을 차지하는 건 몇몇 사람들뿐이야. 파이널리스트들은 이 콩쿠르가 끝나고 나면 또 다른 콩쿠르에 도전을 할 것이고 우승자는 우승자대로 더 주목받을 수 있는 연주 기회를 얻으려고 노력할 테지. 이 무한 반복되는 경쟁이 무엇을 위한 것인지는 그들 자신만이 알겠지. 언뜻 보기에 화려해 보이는 천재 예술가의 삶이라도 그 자리를 지키기 위해서는 매일같이 부단히 연습을 하고 끊임없이 경쟁을 해야만 해. 한 번 사냥을 나가서 운 좋게 큰 짐승을 잡고 배불리 먹는다고 그 포만감이 영원하지는 않잖아. 배가 고파지면 다시 사냥

터로 나가야 하지. 그래서 결국 의미가 있는 건 결과가 아니라 과정인지도 몰라. 그 힘든 길을 포기하지 않고 버틸 수 있게 지탱해 주는 열정이 내 안에 있음을 깨달을 때, 그게 바로 행복인 거 아닐까?

✦ 직업의 세계: 예술가

▶ 예술의 분야는 그림, 디자인, 음악, 영화, 사진, 무용, 조각 등 매우 다양합니다. 흔히 예술가라고 하면 그 분야에 특별한 재능을 꼭 가지고 있어야만 할 수 있는 직업으로 생각하기 쉽습니다. 나는 상상력과 창의력이 모자란 것 같아서, 남들보다 실력이 뒤처지는 것 같아서 고민하고, 안 될 것 같다고 생각하고 있지는 않나요? 걱정하지 마세요. 알고 보면 예술에 관련된 직업은 무궁무진합니다. 꼭 창작해 내는 순수 예술가가 아니더라도 관련 분야의 기술을 익혀서 자신에게 맞는 일을 할 수 있습니다. 예를 들어, 영화 분야에는 꼭 배우나 감독만 있는 것이 아니죠. 무인항공촬영감독, 영화기획자, 영사기사, 특수효과기술자 등이 될 수도 있고, 음악 분야에서는 바이올리니스트나 피아니스트, 작곡가뿐만 아니라 음악치료사, 음반기획자, 음향기사 등이 될 수도 있습니다. 책을 좋아한다고 해서 꼭 글을 쓰는 작가만 되라는 법은 없어요. 출판편집자나 편집디자이너가 될 수도 있습니다. 자동차, 장난감, 패키지 등을 디자인하는 제품디자이너가 될 수도 있고 그림을 좋아한다면 박물관이나 미술관에서 다양한 전시회를 기획하는 큐레이터가 되어도 근사하겠죠.

그래비티

(Gravity, 2013)

감독: 알폰소 쿠아론 **상영 시간:** 90분
출연 배우: 산드라 블록(라이언 스톤), 조지 클루니(맷 코왈스키)
줄거리 요약: 허블 우주 망원경을 수리하기 위해 우주를 탐사하던 라이언 스톤 박사는 폭파된 인공위성의 잔해와 부딪히면서 소리도 산소도 없는 우주 공간에 홀로 남겨지는데…….

미지의 세계를 탐험하는
우주비행사

우주를 배경으로 한 SF 영화들을 보면 괴물 우주인도 나오고 거대한 우주선끼리 전쟁도 하고 막 그러는데 이 영화에는 등장인물이 라이언과 맷, 딱 둘밖에 없어. 그래서 어떤 사람들은 이 영화가 SF, 즉 사이언스 픽션Science Fiction이 아니라 SN, 사이언스 논픽션Science Nonfiction 같다고 말하기도 해. 그만큼 우주 공간이 실감 나게 그려진다는 거지.

영화의 스토리는 아주 간단해. 우주비행사인 맷과 라이언이 우주에서 임무를 수행하던 도중에 예상치 못한 사고가 일어나서 우주 속에 고립이 되는 거야. 우주 공간에 대해서는 과학 시간에 배워서 알지? 공기도 빛도 소리도 없이 완벽한 침묵과 어둠이 채우고 있는 공간 말이야. 라이언은 우주에서 바라본 파란 구슬 같은 지구가 그 무엇과도 비교할 수 없을 정도로 아름답지만 지구보다는 우주가 더 좋다고 해. 우연한 사고로 딸을 잃은 라이언은 사람들 사이에 섞여 사는 일이 몹시 피곤했거든. 그래서 모든 것으로부터 단절된 우주의 고독이 마음 편했던 거야. 그렇지만 자의로 머무는 게 아니라 조난을 당해 고립된 상황이라면 얘기가 달라지지. 설상가상으로 위기에 처한 라이언을 살리기 위한 맷의 희생으로 그녀는 광활한 우주 속에 혼자 남겨지게 돼. 연료도 떨어진 우주선 안에서 고요의 바다에 잠긴 그녀가 가장 그리워했던 건 그렇게도 지긋지긋해하던 '사람들'이었어. 그래서 우연히 잡힌 주파수에서 '사람' 목소리가 들려오자 뛸 듯이 기뻐하지. 목소리라고 해 봤자 아기 울음소리, 누군가의 콧노래 소리 같은 '소음'에 불과했지만 '사람'의 소리라는 것만으로 그녀는 위안을 얻어. 그렇지만 지구로 다시 돌아갈 방법도, 희망도 전혀 없는 상황에서 맷의 환영이 그녀를 찾아와.

"여기가 좋긴 하지. 그냥 시스템 다 꺼 버리고 불도 다 끄고 눈을 감으면 세상 모두가 잊혀지잖아. 여기선 상처 줄 사람도 없고 안전하지. 계속 살아서 뭐 할 거야. 하지만 여전히 모든 건 당신이 지금 뭘 하느냐에 달려 있어. 만약 계속 가기로 했으면 그 결심을 따라야지. 두 발로 딱 버티고 제대로 살아가는 거야. 라이언, 이제 집에 갈 시간이야."

무기력하게 있던 라이언은 필사적으로 우주비행사로서의 지식을 총동원해서 지구로 귀환할 수 있는 방법을 찾기 시작해. 이 장면에서 우주비행사라는 직업이 얼마나 전문적인 것인지 그리고 각국의 우주선과 우주기지들이 어떻게 돌아가는지를 엿볼 수가 있지. 결국 그녀가 찾아낸 방법이라는 것이 가능성 제로에 가까운 무모한 것이었지만 그녀는 망설이지 않아.

"내가 보기에 예상되는 결과는 두 가지다. 멀쩡한 상태로 내려가 멋진 모험담을 들려주거나 앞으로 10분 안에 불타 죽거나. 어느 쪽이든 밑져야 본전이다. 어떻게 되든 엄청난 여행일 거다. 난 준비됐다."

이 영화의 제목인 〈그래비티〉는 영어로 '중력'을 뜻해. 우주에는 중력이 없지만 지구에는 있지. 우주에 표류한 것들은 영원히 어둠 속을 떠돌게 되지만 지구에 가까이 다가온 것들은 중력으로 지구가 끌어당기지. 그리고 사람들 사이에도 마치 '중력'이 작용하는 것처럼 서로를 끌어당겨. 지구보다 우주가 더 좋다고 했던 라이언이었지만 결국 그녀를 살게 해 준 것은 복잡하고 북적거리는 지구의 중력과 귀찮지만 없이는 살 수 없는 사람들이었어.

✦ 직업의 세계: 우주비행사

▶ 우주비행사는 역할에 따라 전문 조종사와 스페셜리스트(우주선에 동승하는 과학자)로 나뉩니다. 전문 조종사들은 대부분 전투기 조종사 출신이며 1,000시간 이상의 비행 경험이 있어야 합니다. 그리고 스페셜리스트들은 천문학, 과학, 물리학, 생명공학 등의 과학 분야에 대한 전문 지식이 있어야 하죠. 그래서 석사, 박사 학위가 필요하며 전문 분야에서 3년 이상의 연구 경력도 필수입니다.

▶ 과학적 지식만 있다고 우주비행사가 될 수 있는 건 아닙니다. 우주비행사가 되려면 생존 훈련 및 중력 가속도 훈련 등 매우 힘든 훈련 과정을 거쳐야 하므로 강철 같은 체력도 꼭 필요하지요. 그래서 미국의 우주비행사 선발 시험에는 자전거 페달 밟기나 50도 가까운 방에서 2시간 동안 버티기, 기압이 낮은 방에서의 테스트 등이 포함되어 있다고 하네요.

▶ 우주비행사가 꿈이라면 대학교에서 전공으로 항공운항학과, 항공학과, 항공우주공학과 등을 선택하거나, 항공사 비행훈련원이

나 한국항공대학교 비행교육원에서 인턴으로 일하는 것도 좋은 경험이 될 수 있습니다. 그리고 관련 자격증으로는 운송용, 사업용, 자가용 조종사 자격증이 있고, 이후 항공기 조종 경험을 쌓고 나서 우주비행사를 지원할 수 있죠.

▶ 한국에는 아직까지 우주비행사 양성 프로그램이 없습니다. 현재로서는 미국 나사(NASA)에서 선발하는 우주비행사 후보에 들어가는 방법이 있습니다. 해마다 나사에서는 전 세계에서 몰려온 지원자들을 대상으로 2년마다 대략 백여 명의 우주인 후보들을 선발해서 훈련을 합니다. 그리고 우수한 성적을 보인 몇 명을 정식 우주인으로 최종선택을 하게 되죠.

▶ 한국인 최초의 우주비행사 이소연 박사는 2006년 한국 우주인 배출 사업으로 러시아 소유스 로켓에 탑승하여 우주인이 되었으며 당시 경쟁률은 3만 6천 대 1이었다고 합니다.

스포트라이트
(Spotlight, 2015)

감독: 토마스 맥카시   **상영 시간:** 129분

출연 배우: 마크 러팔로(마이크 레젠데스), 레이첼 맥아담스(샤샤 파이퍼), 마이클 키튼(월터 로빈슨), 리브 슈라이버(마틴 배런)

줄거리 요약: 미국 3대 일간지 중 하나인 보스턴 글로브 내 취재 팀 '스포트라이트'는 보스턴 교구 가톨릭 사제들의 아동 성추행 사건을 취재한다. 그러나 사건을 파헤치려고 하면 할수록 진실은 멀어지고, 끈질기게 추적을 멈추지 않던 그들에 의해 충격적인 스캔들이 밝혀지는데…….

진실과 양심,
언론인으로 사는 법

2001년, 미국 보스턴의 유력 지방일간지인 보스턴 글로브지에 새로운 편집장이 부임해. 부임한 편집장은 오자마자 가톨릭 신부들의 아동 성추행 사건을 탐사보도하자는 제안을 하지. 그렇지만 그 지역의 구독자들 다수가 가톨릭 신자이기에 기자들은 별로 탐탁지 않아해. 그러자 편집장은 탐사보도를 담당하는 스포트라이트 팀에 이 기사를 맡아 줄 것을 요청해. 처음에는 문제가 있는 것 같으니 한번 조사나 해 보는 것으로 시작을 했는데, 사건을 파기 시작하자 이건 고구마 줄기도 아닌 것이 이것 다음에는 저것, 저것 다음에는 이것 하는 식으로 께름칙한 의혹들이 줄줄이 딸려 나오지 뭐야. '그런 사제들이 있다더라'로 시작했던 조사가 13명에서 20명 그리고 90명으로 불어난 거야. 순식간에 문제가 커져 버린 거지.

기자들의 직업정신에서 일순위로 필요한 것은 '문제의식'이야. 진실은 땅 밑에 감춰진 고구마처럼 보이지 않기에 누구도 그것을 문제 삼지 않고 지나치지만 기자는 작은 단서나 작은 사건 하나도 예리하게 놓치지 않고 고구마 줄기를 잡아채서 힘껏 끌어당길 수 있어야 한단 말이야. 옳고 그름을 판단하는 것이 아니라 사람들이 미처 문제라고 인식하지 못하는 것이 왜 문제인지를 알려 주는 것이 그들의 몫이지.

> "아이를 키우는 것도 마을 전체의 책임이고 학대하는 것도 마을 전체의 책임이요."

서양 속담에 "한 아이를 키우려면 온 마을이 필요하다"라는 말이 있어. 아이 하나를 잘 키워 내는 것은 마을 전체의 노력과 책임이 필요한 일이라는 의미이지. 교회와 사제를 믿고 의지했던 아이들이 처참하게 배신을 당하고 상처를 입었다면 그것 역시 마을 전체가 함께 책임을 져야 하는 거 아니겠어? 그렇지만 오랜 세월 교계와 법조계가 한통속이 되어 쉬쉬하며 덮어 온 비밀들을 파헤치는 일이 쉬울 리가 없지. 기자들이 이 사건에 주목하기 전부터 진실을 알리려고 노력해 왔던 한 변호사가 기자에게 이렇게 물어.

"교회가 수세기 동안 은폐해 온 일입니다. 글로브지에 싸울 힘이 있
을까요?"

기자는 "그럼요!"라고 단호하게 대답을 하지. 그런데 스포트라이
트 팀은 그때부터 온갖 외압에 시달리기 시작해. 이제 와서 그 해묵
은 일을 왜 들춰내려는 것이냐며 판사와 변호사들은 돕기를 거부하
고, 피해자들을 찾아다니지만 문전박대를 당하기 일쑤고, 교회는 더
이상 문제를 키우지 말라며 은근히 압박을 해 오지. 그런데 흥미로
운 것은 사건의 진실에 다가가는 일이 어려워지면 어려워질수록 기
자들의 투지와 열정이 더 활활 타오른다는 거야.

"이런 걸 보도하면 그게 언론입니까?"
"이런 걸 보도 안 하면 그게 언론입니까?"

이 사건이 그동안 은폐되어 올 수 있었던 것은 법조계와 교계의
잘못만은 아니었어. 사실 언론의 책임도 컸지. 진실을 파헤치던 보
스턴 글로브지 기자들은 이미 몇 년 전 사건에 대한 제보를 받은 적
이 있었지만 눈에 잘 띄지도 않는 조그만 단신 기사 하나만 싣고 말

았다는 것을 알게 돼. 그 후 그들은 그 사건이나 제보에 관한 일을 까맣게 잊고 살았는데 그 후로도 사제들의 성추행 사건은 이어져 왔고 피해자들도 계속 생겨나고 있었던 거야. 언론이 문제의식을 잃고 진실에 눈을 감고 입을 닫으면 어떤 일이 생기는지를 잘 보여 주는 거지. 스포트라이트 팀에 처음 취재를 제안했던 편집장은 자괴감에 빠진 기자들에게 이런 말을 해.

> "가끔 쉽게 잊지만 우린 어둠 속에서 넘어지며 살아가요. 갑자기 불을 켜면 탓할 것들이 너무 많이 보이죠. 제가 오기 전은 모르겠지만 모두 좋은 보도를 하고 계세요. 독자들에게 즉각적이고 큰 영향을 주는 보도요. 제게 이런 기사는 이 일을 하는 이유죠."

기자가 되려면 일단 글을 잘 써야 한다고 생각하기가 쉽지. 그런데 좋은 기사는 글솜씨가 아니라 발과 머리로 쓰는 거야. 직접 뛰어다니면서 취재를 하고, 논리적으로 사실에 접근을 하고, 권력이나 돈앞에 굴복하지 않고, 진실을 집요하게 파헤치는 인내심을 가져야 해. 사회 문제들은 많은 경우 힘없는 약자나 소외된 계층에 대한 것이기때문에 더더욱 기자의 어깨는 무거워지는 거야. 만일 언론마저 외면한다면 그들은 진실을 밝히는 목소리를 영영 잃게 되는 것이니까.

✦ 직업의 세계: 기자

▶ 우리 사회에서 일어나는 다양한 사건 사고 및 사회 문제를 언론 매체를 통해 알리는 일을 하는 사람들을 기자라고 합니다. 어떤 일을 취재할 것인지 계획을 세우고, 일정에 따라 취재를 하고, 기사를 작성하고, 최종적으로 편집의 과정을 거치면서 기사 내용을 점검하고, 신문이나 방송에 나가기 적합한 내용인지를 판단하는 것이 기자의 일입니다.

▶ 기자가 되는데 필요한 학력이나 전공의 제한은 없지만 보통 주요 언론사들은 4년제 대학교 졸업을 요구합니다. 자신의 전공을 전문적인 영역으로 살리는 기자들도 많은데요. 예를 들어, 법학을 전공한 사람은 법학 전문 기자, 연극 영화를 전공한 사람은 문화· 예술 전문 기자가 되는 경우입니다.

▶ 기자는 말과 글로 사실을 전달하는 사람이기 때문에 객관적인 시각을 기르고 다방면으로 사고할 수 있는 능력을 키워야 합니다. 모르는 사람에게 인터뷰 요청을 하거나 어려운 상황에서도 취재를 해야 하는 일이 자주 생기기 때문에 적극적인 자세와 친화력, 예상하지 못한 난관 앞에서 침착함을 유지할 수 있는 태도와 자신감도 중요합니다.

아이, 로봇

(I, Robot, 2004)

감독: 알렉스 프로야스   **상영 시간**: 110분

출연 배우: 윌 스미스(델 스프너), 브리짓 모나한(수잔 캘빈), 알란 터딕(써니), 제임스 크롬웰(알프레드 래닝)

줄거리 요약: 2035년, 지능을 갖춘 로봇들이 인간에게 생활의 모든 편의를 제공하는 세상. 그런데 새로운 모델인 NS-5 로봇 출시를 앞두고 개발자인 래닝 박사가 시체로 발견된다. 로봇에 대해 적대감을 갖고 있던 시카고 경찰 델 스프너는 사건 조사에 착수하고, 로봇 심리학자인 수잔 캘빈 박사의 도움으로 로봇 '써니'를 조사하던 그는 래닝 박사의 죽음에 로봇이 관련되어 있음을 알게 되는데…….

미래로 나아가기 위한
끊임없는 질문

    요즘 과학의 발달 속도는 정말 빛의 속도처럼 느껴질 정도야. 오늘 이 회사에서 신제품이 출시가 됐는데 며칠 후에 다른 회사에서 만든 더 업그레이드된 신제품이 나오는 수준이니까. 이제 사람들은 더 이상 전화번호를 외우지 않고, 지갑도 들고 다니지 않지. 스마트폰만 있으면 안 되는 게 없어. 그런데 인간의 생활 전반에 로봇과 인공지능이 상용화가 된 시대에 살면서 여전히 손수 음악을 틀고 운전을 하는 사람이 있단 말이지. 〈아이, 로봇〉의 주인공 형사 델 스프너야. 그는 과거에 한 소녀와 함께 사고를 당했는데 소녀는 죽고 혼자 살아남은 일이 있었어. 그때 받은 상처가 컸지.

"알아요. 로봇은 합리적인 판단을 한 거죠. 로봇의 계산에 따르면 내가 살 확률은 45%였고 새라는 11%였으니까요. 그래도 애를 구했어야죠. 11%의 확률이면 구하고도 남았다고요. 인간이라면 그렇게 했을 거요. 로봇은 여기(가슴)가 텅 비었어요. 그냥 쇳덩이일 뿐이오."

그런 스프너는 새롭게 출시를 앞둔 NS-5 모델인 로봇 '써니'를 만나게 돼. 이전 모델 NS-4와는 다르게 인간을 꼭 닮은 얼굴에 눈동자에서는 감정까지 느껴지지. 스프너 형사는 처음 써니에게 매우 적대적인 감정을 드러내는데 이것을 로봇공학 용어로 '불쾌한 골짜기Uncanny Valley'라고 불러. 불쾌한 골짜기란 일본의 로봇공학자 모리 마사히로Mori Masahiro가 쓴 말인데 로봇이 인간과 전혀 닮지 않은 모습일 때는 호감도에 변화가 없거나 오히려 늘어나지만 외형이 어설프게 인간과 닮은 로봇일수록 호감도가 대폭 감소한다는 거야. 그런데 어설픈 수준을 벗어나서 인간과 완벽하게 똑같이 보이는 로봇의 경우에는 이런 불쾌감이 다시 사라지는 걸 볼 수 있어. 이질감을 느끼지 못하면서 사람처럼 인식을 하는 거지. 신형 로봇인 써니는 외모만 인간과 비슷한 게 아니라 스스로 생각을 할 수 있고 인간에 가까운 감정을 가진 데다 그뿐만 아니라 꿈까지 꿀 수 있어. 그래도 로봇은 로봇인지라 처음에는 인간들끼리 윙크를 주고받는 것 같은 간단한 행동도 이해를 하지 못해. 그러다가 스프너와 수장 캘빈 박사와 함께 행동을 하면서 감정적인 변화를 겪지.

어느 날 개발자인 래닝 박사가 시체로 발견되면서 스푸너는 래닝 박사를 살해한 범인이 써니라고 생각하고 "네가 래닝 박사를 죽인 이유는 네게 감정을 흉내 내는 방법을 가르치다가 통제에서 벗어난 게 아니냐"라고 물어. "내 토스터기나 진공청소기 따위가 갑자기 감정 같은 걸 표현하면 나도 마찬가지일 것"이라고 빈정대자 써니는 처음에는 담담하게 "나는 죽이지 않았다"라고 하다가 나중에는 버럭 화를 내고 말아.

> (스프너) "로봇은 두려움 따위는 느끼지 않아. 어떤 감정도 못 느끼지. 그놈들은 배가 고프지도 잠을 자지도 않⋯⋯"
>
> (써니) "저는 아닙니다. 심지어 저는 꿈도 꿨습니다."
>
> (스프너) "인간만이 꿈을 꿔. 한낱 개도 꿈을 꾸지만 넌 기계야. 살아 있는 것을 흉내 낼 뿐이라고."

존재하는 것이 스스로의 가치를 느낀다는 건 '자아'를 가지고 있다는 거잖아. 비록 로봇이라고 해도 자신의 가치를 항변한다면 이미 '흉내나 내는 기계'라고 할 수는 없지 않을까? 써니는 로봇에게는 불가능하다고 여겨지는 이 '자아'를 가지고 있어. 그래서 스스로 옳고 그름도 '판단'하고 무언가를 창조할 능력이 없다는 이유만으로 자신의 가치를 폄하당하는 건 부당하다고 '생각'하지.

> (스프너) "로봇이 교향곡을 쓸 수 있어? 로봇이 캔버스에 멋진 명화
> 를 그릴 수 있냐고?"
> (써니) "당신은 할 수 있나요?"

이 영화에는 써니만큼이나 무시무시하게 똑똑한 컴퓨터가 또 하
나 나오는데 바로 슈퍼컴퓨터 비키야. 얼마나 똑똑하냐면 '로봇은
인간을 보호해야 한다'는 로봇 3원칙을 재해석해서 '로봇은 인류가
위험에 처하게 놔둬서는 안 된다'는 0원칙을 만들어 내. 그리고 '논
리적인 기계가 세상을 다스려야 인간을 보호할 수 있다'는 결론을
내려 인간을 정복하려는 음모를 꾸미지. 그러면서 자신을 거역하는
써니에게 이렇게 말해.

> (비키) "넌 지금 실수하는 거야. 논리적으로 완벽한 내 계획을 이해
> 못 하겠어?"
> (써니) "알아. 하지만 그건 너무…… 비인간적이잖아."

'비인간적'인 것을 따지는 로봇까지는 아니더라도 머지않아 로봇
이 상용화되는 시대가 올 거야. 그러면 사람이 하던 많은 일들을 로

봇이 대신하겠지. 인공지능 시대가 오면 절반이 넘는 직업이 사라질 지도 모른다는 얘기가 나오고 있잖아? 비키나 써니가 인간보다 훨씬 더 빠르고 정확하게 완벽하게 할 수 있는 일이 많을 거야. 그렇다고 해도 인간만이 할 수 있는 일의 영역이 사라지지는 않지. 인간은 새로운 것을 창조할 수 있는 존재니까. 그렇지만 어떤 이들은 예술처럼 창의성이 필요한 분야도 안전지대가 아니라고 해. 일례로, 마이크로소프트사가 개발한 '넥스트 렘브란트The Next Rembrandt'라는 인공지능이 생전의 렘브란트의 화풍을 그대로 빼닮은 그림을 그리는 데 성공을 했거든. 그렇지만 이걸 진정한 창작이라고 할 수 있을까? 적어도 예술 작품에는 예술가의 삶과 정신세계가 담겨야 진짜지. 눈으로 보기에 아무리 아름답고 정교하다고 해도 단순 '복제'만 가능하다면 그건 공산품일 뿐이야. '로봇의 자유의지와 감정이 과연 가능한가' 하는 문제처럼 아직까지 로봇공학에는 예측할 수 없는 많은 것들이 미결의 영역으로 남아 있어. 비키 같은 슈퍼 컴퓨터나 써니가 인간보다 훨씬 더 빠르게 그리고 훨씬 더 정확하고 완벽하게 할 수 있는 일들이 많은 게 사실이지만 여전히 새로운 것을 만들어내는 건 인간의 영역이야. 피카소는 "컴퓨터는 쓸모가 없다. 대답만 할 뿐이다"라고 했지. 미지로 나아가기 위해 끊임없이 질문을 던지는 것이야말로 인간만이 할 수 있는 일이 아닐까? 인간은 단 1%의 확률만으로도 무모한 도전을 할 수 있는 존재니까 말이야.

✦ 직업의 세계: 로봇공학자

▶ 로봇은 산업용 로봇, 가정용 전자제품, 장난감 로봇 등으로 구분되지만 단순한 자동화 기계의 단계를 넘어 이제는 지능형 로봇으로 발전해 가고 있습니다. 지능형 로봇은 외부의 환경을 탐지하고 판단하여 필요한 작업을 자율적으로 실행하는 로봇을 말합니다.

▶ 로봇공학자는 로봇을 연구하고 제작하는 일을 합니다. 로봇은 로봇의 몸체를 구성하는 하드웨어, 로봇을 프로그래밍하는 소프트웨어로 구성되어 있습니다. 로봇 연구에는 복합적이고 다양한 지식이 필요해서 전기공학, 기계공학, 기계설계, 재료공학, 전자제어 기술과 센서 기술, 영상처리 기술, AI 등 다양한 분야의 전문가들이 함께 일을 합니다.

▶ 로봇공학이 다양한 분야와 연계가 되어 있는 만큼 로봇과 관련된 직업군도 다양한데요, 인간의 감성을 측정하여 로봇이 인지할 수 있도록 추론 및 인지 기술을 연구하는 로봇 감성인지 연구원, 사람과 비슷한 모습과 행동을 로봇에 구현하기 위해 인간 외형을 모

델링하여 로봇의 구조를 설계하는 안드로이드 로봇공학자, 로봇을 운용하고 수리하는 로봇공학 기술자 등 여러 가지가 있습니다.

▶ 미래에는 로봇을 활용하는 분야가 제조업이나 전자회사 들뿐만 아니라 의료, 국방, 환경, 노인복지, 개인 서비스, 교육, 엔터테인먼트 등 점점 더 다양해질 전망입니다. 공장에서 반복적인 기계 조립 업무나 용접 등 힘든 일을 로봇이 대체한 지는 오래되었고 의료 분야에서도 정교한 절개나 미세한 부위 수술 등에서 로봇이 의사들의 손을 덜어 주고 있으며 환자의 재활과 기능 회복을 돕는 로봇도 있습니다.

"언니, 이거요."

준희는 테이블 위에 물방울무늬 리본을 두른 작은 선물을 올려놓고 마녀 언니 앞으로 살짝 밀었다.

"언니 주려고 현서랑 같이 돌아다니다가 샀어요. 별거 아니에요. 중학생이 무슨 돈이 있겠어요. 헤헤."

"어우~ 야! 선물은 무슨. 그럴 돈 있음 현서랑 맛있는 거나 사 먹지!"

말은 그렇게 하면서도 마녀 언니는 씨익 웃으며 포장지가 예쁘다는 둥, 빈손으로 이런 걸 받으려니 민망하다는 둥 쉴 새 없이 종알거리며 포장지를 뜯었다. 파란색 상자를 조심스럽게 열자 그 안에는 눈곱보다 조금 큰 코 피어싱이 들어 있었다. 피어싱을 사기로 결정을 하고 가게를 찾아 방문했던 그날, 준희는 현서의 팔을 꼭 붙든 채 차마 안으로 들어가지 못하고 한참을 망설였다. 보다 못한 현서가 준희의 손을 잡고 힘차게 유리문을 밀고 들어서자 양쪽 귓바퀴 가득 귀걸이를 하고 새카만 스모키 화장을 한 마녀 언니와 같은 종족의 언니들이 상냥하게 웃으며 인사를 해 왔다. 보이는 것으로 넘겨짚는 일이 얼마나 쓸데없는 짓인지 마녀 언니 덕분에 잘 알게 되었다고 생각을 했건만 나쁜 습관은 역시 뿌리가 깊었다.

현서와 함께 진열장의 끝에서 끝까지 열 번은 왕복을 한 끝에 고른 선물은 별모양의 터키석 피어싱이었다. 바다처럼 파란 돌이 온통 검은색인 언니에게 잘 어울릴 것 같아서였다.

"꺄악! 이거 너무 멋지다!"

마녀 언니는 함박웃음을 지으며 당장 피어싱을 바꿔 끼우더니 준희를 향해 고개를 획하고 돌렸다. 예감이 딱 들어맞았다. 터키석 피어싱이 종이처럼 하얀 마녀 언니의 얼굴 한가운데 떨어진 파란 물방울처럼 청량했다.

"제가 안목이 좀 남다른 데가 있죠. ㅎㅎㅎ. 올 여름방학은 공부로는 망했지만 인간 박준희한테는 백 점짜리 방학이었어요. 언니 덕분이에요. 현서한테조차 못 했던 얘기들을 언니한테는 다 털어놓을 수 있었어요. 그리고 언니가 골라 주는 영화를 보고 언니가 해 주는 말을 들으면서 제가 조금 달라진 것 같아요. 마음이 좀 자란 것 같달까요?"

"와, 우리 준이 그런 생각을 했다니 엄청 뿌듯한데?"

마녀 언니가 흐뭇한 미소를 지으며 말했다.

"엄마 아빠가 식탁 너머에 절 앉혀 놓고 하시는 말씀이나 수업 시간에 선생님들이 하시는 이야기들은 처음에는 좀 듣다가도 이내 다른 생각을 하게 되거든요. 결론은 어차피 다 똑같은 거라서 머릿속에서 흐지부지될 때가 많아요. 그런데 영화는 다르더라고요. 줄거리가 다 제각각이어서 어떤 건 웃기고 어떤 건 슬프고, 어떤 건 감동적이고, 어떤 건 신기해서 집중이 잘돼요. 그리고 언니가 영화에 대해 설명을 해 줘서 그런지는 몰라도 줄거리 이외의 것들이 눈에 들어오기 시작하고 많은 생각을 하게 됐어요. 영화라는 게 참 많은 것을 담고 있다는 걸 깨닫게 됐죠. 굳이 뭔가를 가르치려 들지 않았는데도 끝까지 다 보고 나면 뭔가 하나씩 마음에 남는 게 있었어요. 그래서 밤에 자기 전에 그날 봤던 영화를 떠올리면서 기억나는 장면마다 밑줄을 쫙 긋는 상상을 했다니까요."

개학을 하고 나면 준희는 지금처럼 자주 편의점에 들를 수는 없을 것이다. 그래서 선물을 전하며 고마운 마음을 말로 직접 전해야겠다고 마음을 먹었다. 준희의 이야기를 가만히 듣고 있던 마녀 언니가 다정한 목소리로 말했다.

"네 얘기를 들으니 올 여름 편의점 알바로는 망했지만 영화학도 한테는 백 점짜리 여름이었다는 생각이 드는데? 그게 바로 내가 영화를 사랑하는 이유거든. 작가 칼릴 지브란Kahlil Gibran이 한 말 중에 이런 게 있어. '참으로 현명한 스승은 제자들에게 자신의 지혜의 집으로 들어오라고 명령하지 않으리라. 그보다 제자들에게 그들 자신의 마음의 문으로 들어가라고 인도할 것이다.' 영화는 깨달음을 주는 좋은 스승이 되기도 하고 상처를 위로하는 좋은 친구가 되기도 하지만 어디까지나 보는 사람 나름이지. 같은 영화를 보더라도 사람들은 저마다 다 다르게 느끼니까. 네가 영화를 보면서 무언가를 배웠다고 생각한다면 그건 네가 네 마음을 들여다보며 스스로 가르침을 발견할 수 있는 힘이 생겼기 때문일 거야. 어우, 기특한 것!"

마녀 언니가 준희의 머리를 가볍게 쓰다듬으며 웃었다.

"그런 의미에서 오늘은 무슨 영화가 좋을까?"

편의점 안은 여전히 손님 한 명 없이 준희와 마녀 언니, 달랑 둘뿐이고 두 사람만의 상담소이자 극장이었던 창가 테이블에는 한여름의 자작자작 끓는 온도 대신 한결 힘 빠진 햇살이 슬금슬금 엉덩이를 밀고 들어왔다. 그리고 핸드폰 화면을 훑어 내리는 마녀 언니의 손가락 끝에서 색색의 영화 포스터들이 마치 영사기 위의 필름처럼 돌아가기 시작했다.

좋아하는 일을 하는 거야
예술을 하는데 수학이 필요하다고?

노준용 지음 | 186쪽 | 14,000원

**카이스트 교수와 영화 동아리 '신성사' 아이들의
좌충우돌 영화 만들기 프로젝트!**

좋아하는 영화와 전공한 컴퓨터 공학을 융합하여 진로를 선택한 카이스트 문화대학원 노준용 교수가 영화와 수학, 예술과 공학의 조화를 흥미진진한 한 편의 소설에 풀어냈다. 영화 동아리 '신성사'의 중2 청소년들은 컴퓨터 그래픽, 시각 특수효과에 대해 배우며 영화를 만들면서 영화와 수학, 예술과 공학이 물과 기름처럼 분리되는 것이 아니라 서로에게 꼭 필요한 것임을 배우게 된다. 수학과 과학을 공부하는 이유를 자연스럽게 깨달을 수 있다.

★2018 세종도서 교양부문 선정도서
★학교도서관저널 추천도서
★한우리 독서토론 논술 선정도서

공학자의 시간 여행
포기하지 않는 사람이 이기는 거야!

서승우 지음 | 192쪽 | 14,000원

**서울대 서승우 교수와 무인자율주행차를 타고 떠나는
과거–현재–미래의 공학 여행!**

팥빙수를 좋아하는 중3 지훈이 마주친 시간의 비밀! 매일 새로운 기술들이 쏟아져 나오고 세상이 하루가 다르게 변하는 것은 인간의 삶을 조금이라도 더 편리하게 만들 수 있을까 고민하는 사람들, 공학자들이 있기 때문이다. 인공지능 시대, 공학자에 대해 궁금하고, 지금 꿈을 찾고 있는 청소년들에게 꼭 필요한 시간 여행 소설이다.

★2020 세종도서 교양부문 선정도서
★2020 아침독서 추천도서
★한국어린이교육문화연구원 으뜸책 선정도서

십대, 뭐하면서 살 거야?
청소년의 진로와 경제활동에 대한 지식소설

양지열 지음 | 196쪽 | 14,000원

**내일을 준비하는 십대에게 필요한
청소년의 진로와 경제활동 이야기!**

현직 변호사가 직접 들려주는 십대의 노동 이야기! 이제 막 경제활동
을 시작한 십대 아이들이 '예방법률 사무소'의 김 변호사를 만나 올바
른 노동 인권과 상식을 이해하며 저마다 빛나는 미래를 그려 나간다.
내일을 준비하는 십대들이 꼭 알아 두어야 하는 법에 관한 이야기다.
사회생활을 시작했을 때 일어날 수 있는 다양한 상황에 대해 구체적이
고 현실적인 조언이 담겨 있다.

★2021 아침독서 추천도서
★한국어린이교육문화연구원 으뜸책 선정도서

쇼호스트 엄마와
쌍둥이 자매의 브랜드 인문학

김미나 지음 | 200쪽 | 14,000원

**가치 소비부터 업사이클링까지,
십대의 현명한 소비 습관을 위해!**

변화하는 브랜드 시장과 소비의 흐름을 알기 쉽게 녹여 낸 지식소설!
명품과 브랜드 제품에 관심이 많은 은서, 브랜드를 따지기보단 합리
적인 소비를 해야 한다는 현서, 그 둘을 중재하는 쇼호스트 엄마의 '브
랜드 썰전'이 펼쳐진다. 명품은 정말 '돈값'을 할까? 세상을 바꾸는 브
랜드는 무엇이 있을까? 나의 가치를 높이는 '퍼스널 브랜딩'이란 뭘
까? 브랜드 시장의 '예비 큰손'인 십대들에게 꼭 필요한 이야기만 알차
게 담아냈다.

★2023 아침독서 추천도서
★전국독서새물결 독서토론대회 중등부 인문사회 선정도서
★한우리 독서토론 논술 선정도서
★한국어린이교육문화연구원 으뜸책 선정도서

변호사 아빠와 떠나는
'민주주의와 법' 여행

대한민국은 민주공화국이다

양지열 지음 | 280쪽 | 17,500원

청소년의 선택이 대한민국의 미래를 바꾼다!

'민주주의와 법'은 우리 사회를 지탱하는 기둥이고, 청소년은 미래의 기둥을 세워 나가는 독립적이고 진취적인 주체이다. 청소년의 행동과 선택이 우리 모두의 미래를 바꿀 수 있다. 변호사 아빠와 딸의 진지하면서도 유쾌한 여행을 통해, 어렵게만 느껴졌던 '민주주의와 법'을 보다 선명하게 마주할 수 있도록 구성하였다. 민주주의, 헌법과 기본권, 민주 국가와 정부 등 중·고등학교 교과서에 수록된 '민주주의와 법'의 내용을 총망라하여 담았다.

★2025 꿈꾸는도서관 추천도서

마녀의 영화 레시피
10대의 고민, 영화가 답하다

김미나 지음 | 232쪽 | 16,800원

"어쩌면 우리가 찾던 답은 영화 속에 있었을지도 몰라!"

중학교 3학년 준희는 고민이 많다. 공부로 부모님 기대에 부응하기란 너무나 어렵고, 친구들 관계에서도 무언가 점점 어긋나는 것만 같다. 자신감은 사라진 지 오래고, 미래를 향한 용기도 더 이상 나지 않는다. 그럴 때마다 준희가 향하는 곳이 있다. 바로 마녀 언니가 있는 편의점. 마녀 언니가 엄선한 25편의 영화를 통해 청소년의 마음 깊숙한 고민과 감정에 대한 답을 발견해 보자.

마녀의 영화 레시피

ⓒ김미나, 2025

초판 1쇄 인쇄일 | 2025년 3월 4일
초판 1쇄 발행일 | 2025년 3월 14일

지은이 | 김미나
펴낸이 | 사태희
편   집 | 정미리 · 책임편집 | 박선규
디자인 | 김경미
마케팅 | 장민영
제   작 | 이승욱 이대성

펴낸곳 | (주)특별한서재
출판등록 | 제2018-000085호
주 소 | 08505 서울특별시 금천구 가산디지털2로 101 한라원앤원타워 B동 1503호
전 화 | 02-3273-7878
팩 스 | 0505-832-0042
e-mail | info@specialbooks.co.kr
ISBN | 979-11-6703-146-4 (44080)
        979-11-88912-13-1 (세트)